ちくま文庫

ヒトラーのウィーン

中島義道

筑摩書房

はじめに

さて、なぜヒトラーなのか？　私はなぜヒトラーを語るのか？　私はヒトラーにいかなる関心を持つのか？

まず、歴史的、政治的、社会的関心でないことは確かである。私の関心はあくまでもアドルフ・ヒトラーという個人なのだ。どうメスを入れても、明確に「こうだ」と切ることのできない、不合理の固まりとしての男なのだ。これほど互いに対立する属性が同居している人物もいないであろう。生来のペテン師には恐るべき真面目さが背中合わせになっている。冷酷無比の感情は聖者のような純粋な信念によって裏打ちされている。卑劣きわまりない行為は、崇高とも言えるほどの行為と隣り合わせである……。

そして、このすべてをもって、彼は狂人ではなく、文字通り「まともな」人間らしさを具えているのだ。ありとあらゆる科学的分析、哲学的思索をせせら笑うかのように

「聳えている」ひとりの男に私は限りない興味を覚えるのである。

そして、以上のことすべてが、ヒトラーが十七歳で画家になる野望を抱いて訪れたウィーンという都会にそのまま当てはまる。ウィーン、それは最も美しいものと最も醜いものが「自然に」同居している街である。最も純粋なものと最も不純なものが、最も正しいものと最も不正なものが、最も知的なものと最も魯鈍なものが、最も明るいものと最も暗いものが……。

歴史学者や政治学者は、ヒトラーという男の異常性が彼ひとりの性格に留まらず、あれほどまでに多くの信奉者を得、あれほどまでの力をもって短期間にせよ中央ヨーロッパの覇権を握ったこと（これは「普遍性を有している」ということである）には、何らかの「深い」理由がなければならないと考え、ヒトラーを包み込んでいた政治社会状況、さらには反ユダヤ主義という根にまで考察を広げ、その解明に全精力を傾ける。だが、こうした研究には、「これほどの悪がなぜこれほどの力を得たのか」という単純な図式が前提されている。それはそれで一つの研究であろう。しかし、私の関心はそこにはない。むしろ、ヒトラーやゲーリンク、ヘス、アイヒマンをはじめとするナチスの高官たち、いや夥しいそれへの協力者が、ユダヤ人絶滅を「善」と確信していたという事実に興味を覚える。夥しい人が気づかずに悪に陥っていた、という愚鈍さ、恐ろしさではない。そのとき、すでにわれわれは先の図式の中にいる。そうではなくて、心に一点の曇りもなくユダヤ人の全滅を「善」と確信する、という事実が告げる人間のおそるべき真実である。この点においても、ヒトラーは真に偉大な哲学者をも通俗哲学者をも——あえて同じ表現を使うと——せせら笑うかのように聳え立っているのである。

本書の目標は、十七歳から二十二歳までの五年三ヶ月にわたる「ヒトラーのウィーン時代」を覗き込むことである。この時期の資料は絶対的に乏しい。われわれが現在手にしているヒトラー自身の書は、『わが闘争』（邦訳、角川文庫）と、『ヒトラー第二の書』（邦訳、成甲書房）だけである。後者はベルリン陥落後、総統府の地下壕でアメリカ軍によって押収された膨大な書類の中から発見されたものである（本書のテーマからは逸れるので、触れない）。そして、前者は一九二三年十一月八日のミュンヘン一揆後、ランツベルク拘置所に収容されていた九ヶ月の間に、ルドルフ・ヘスとエミール・モーリスに口述筆記させ、第一巻が一九二五年、第二巻が一九二六年に刊行された。

このうち、ヒトラーのウィーン時代についての記述は、第一巻のうち（邦訳で）百四十ページにわたっている。なお、『わが闘争』のドイツ語原書は、ドイツでは発売禁止であり、インターネットの〝Amazon〟で調べても「存在していない」。そこで、私は東大駒場の図書館から戦前の原書を借り出した。いわゆる亀の子文字（あるいは髭文字）であり、はしがきには「一九二四年十月十六日　レヒ河畔ランツベルク、要塞拘置所にて」とある。

その出版年は、初版の出版から十一年後の一九三六年（ベルリンオリンピックの開催された年）であり、二百四〜二百八版と記入され、累計出版数は二百五十五万部に及ぶ。これまでの出版数は一千万部を超えると言われている。

三年ほど前、有志数名と本書の読書会をしたが、ドイツ語の原文をたどると、もって回った表現、何について論じているのかわからないほどの抽象的記述と細密画のような具体的記述の混交、いつの事柄を書いているのか頭を抱えるほどの時間軸の混乱、論理のすさまじいほどの飛躍、彼の個人的思い入れの強さ……など、後のヒトラーの性格がそのまま炙り出しになっている。全体が濃い霧で包まれていて、どこまでが真実でどこまでが脚色か（嘘か）はっきりしない。

口述筆記にしては、文章がはなはだしく入り組んでいて、はたしてどのような「口述」であったのか、疑問を抱かせる。また、ちょっと読み直せばわかるはずの意味不明な箇所が多出するが、ヒトラーは一度も見直さなかったのであろうか？　とにかく、奇妙に凝った文体で飾られ圧倒的な迫力を有する文章が、じつに粗雑な思考回路によって裏打ちされているのである。

オーストリア帝国最後の皇帝の長男（最後の皇太子）、オットー・フォン・ハプスブルクの（国葬に準じた）葬儀がつい最近（二〇一一年七月十六日）行われたが、この最高の知性と教養を具えた亡命貴族は権力を掌握したヒトラーから二度食事に誘われたが「権力慾に燃える無産者」と会うことを拒絶した。彼は『わが闘争』の劣悪なドイツ語にあきれ果て『ドイツ語で書かれた「わが闘争」』としなければわからない、と皮肉っている。

こういうわけで、同書におけるヒトラーのウィーン時代の記述もそのまま信じるわけにはいかない。

ヒトラーのリンツ時代そしてウィーン時代前期を知る唯一の友人であるアウグスト・クビツェクは連合軍の要求に応えて、戦後の一九五三年にヒトラーの少年時代・青春時代に関する詳細な報告書を書いたが（『アドルフ・ヒトラーの青春』邦訳、三交社）、その中で『わが闘争』の中のヒトラーの記述をかなり修正している。

だが、微に入り細を穿ったヒトラーの逸話はことのほか面白いが、クビツェクの証言自体も百パーセント信頼の置けるものではない。とはいえ、いまとなっては、かつての総統閣下を知っていたのは自分ひとりであるという自負の臭気に満ちたこの書を信じるほかはない。実際のところ、ヒトラーのリンツ時代・ウィーン時代（初期）に関する膨大な資料は、すべて同書に依拠していると言っていい。

最後に、もう一つ、フランツ・イェツィンガーおよびその著書『ヒトラーの青春』(Hitlers Jugend: Phantasien, Lügen und die Wahrheit) について触れなければならない。これはクビツェクの著書が出たわずか三年後（一九五六年）に刊行された。副題の「幻想、嘘そして真実」からもわかるように、同書の主目的はクビツェクの著書の誤りを指摘することである。その具体的な「真実争い」については後に（第九章に）譲ることにしよう。

ヒトラーのウィーン時代に関する情報は、この三冊だけである。だが、こんなにも貧しいからこそ、われわれは想像を逞しくすることができる。だが、いくら想像を逞しくしても、たちまちそれは高い壁、深い溝によって遮られてしまう。いったい何が本当のことか、皆目わからない。

歴史研究家は彼の政権奪取までの政治行動あるいは彼の計画していた軍事行動などを詳細に再現しようとするが、それは比較的成功するかもしれない。問題は、些細な私生活におけるヒトラーの行為や心理状態を再現することが恐ろしく難しいということである。なぜ彼はAではなくBを選んだのか、なぜ彼はCもDも選ばなかったのか、通りいっぺんの説明はできる。だが、いつもそれでは納得できない何らかの居心地の悪さが残るのだ。といって、膨大な数の精神病理学者が取り組んだように、ヒトラーに特定の「病状」を貼り付けることによって真相は解明されないであろう。

そうであればこそ、ヒトラーのわかりにくさそのものを生け捕りにすること、そしてそれを通じて「現にあったこと」の危うさを生け捕りにするしかあるまい。

ヒトラーのウィーン 目次

・引用文中、翻訳者の欠けているものはすべて拙訳である。
・引用文内の強調はすべて原著者のものである。
・引用文中の（　）は原著者の補足を、〔　〕は筆者の補足を表す。
・引用文の表記は、翻訳に限って少々変えたところもある。
・とくにその箇所で集中的に参照した文献は、本文中に挙げておいたが、他の参照文献は最後にまとめて掲げてある。

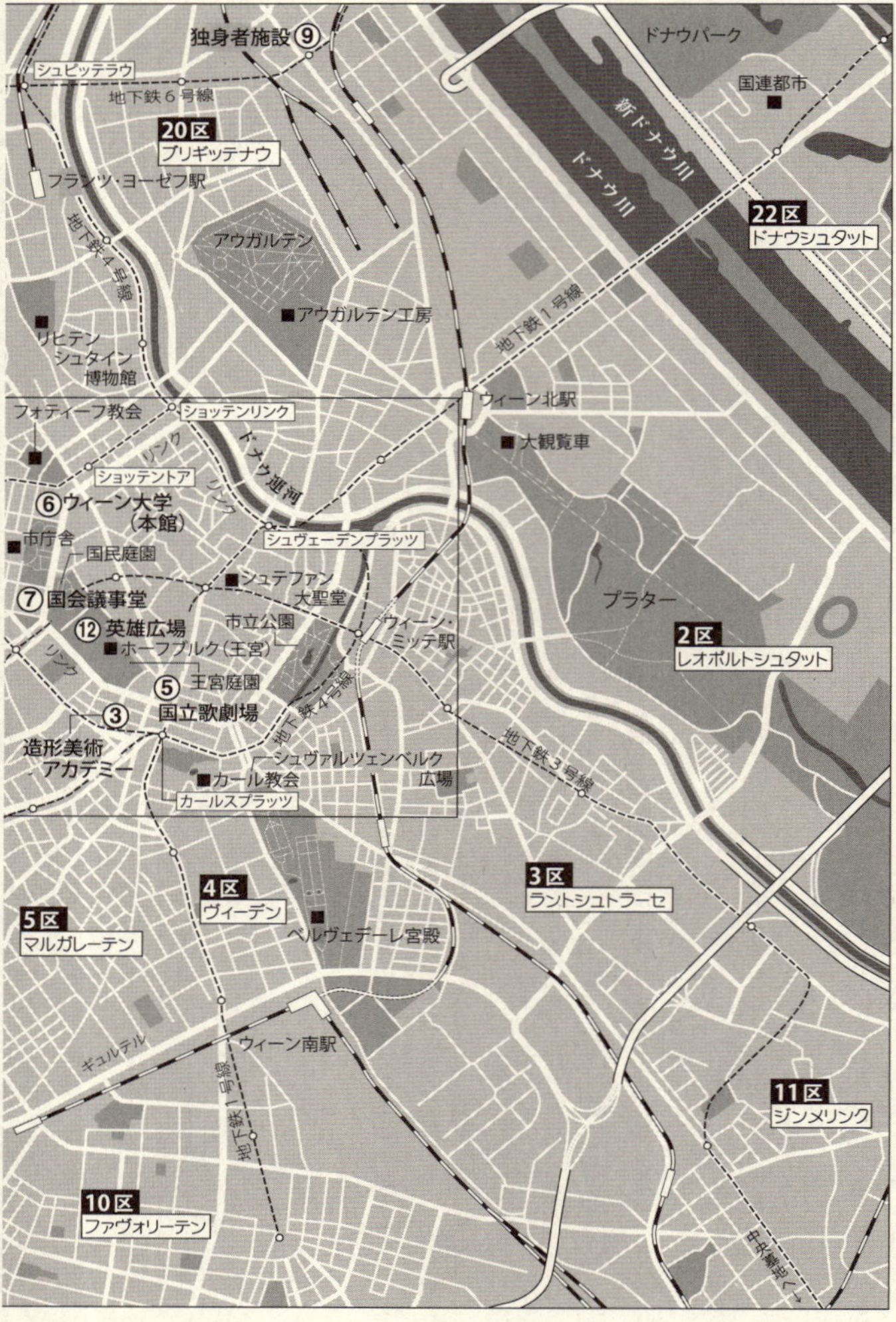
独身者施設⑨
ドナウパーク
シュピッテラウ
地下鉄６号線
国連都市
新ドナウ川
ドナウ川
20区
ブリギッテナウ
フランツ・ヨーゼフ駅
22区
ドナウシュタット
アウガルテン
地下鉄４号線
アウガルテン工房
地下鉄１号線
リヒテン
シュタイン
博物館
ウィーン北駅
フォティーフ教会
ショッテンリンク
大観覧車
リンク
ショッテントア
ドナウ運河
⑥ウィーン大学
（本館）
市庁舎
シュヴェーデンプラッツ
国民庭園
シュテファン
大聖堂
⑦国会議事堂
プラター
市立公園
⑫英雄広場
ウィーン・
ミッテ駅
2区
レオポルトシュタット
ホーフブルク（王宮）
王宮庭園
⑤
国立歌劇場
地下鉄４号線
③
造形美術
アカデミー
地下鉄３号線
シュヴァルツェンベルク
広場
カール教会
カールスプラッツ
3区
ラントシュトラーセ
4区
ヴィーデン
5区
マルガレーテン
ベルヴェデーレ宮殿
ギュルテル
ウィーン南駅
11区
ジンメリンク
地下鉄１号線
10区
ファヴォリーテン
中央墓地へ→

ドイツ連邦共和国
チェコ共和国
ベルヒテスガーデン
ミュンヘン
⑪
⑩リンツ
ウィーン
スロバキア
共和国
スイス
連邦
ブラウナウ
オーストリア
共和国
ハンガリー
共和国
リヒテンシュタイン
公国
イタリア共和国
スロベニア共和国
0
1km
19区
デーブリンク
18区
ヴェーリンク
9区
アルザー
グルント
フォルクスオーパー
（国民歌劇場）
ヴェーリンガー通り
ギュルテル
地下鉄6号線
8区
ヨーゼフシュタット
地下鉄2号線
次頁（ウィーン中心部）
16区
オッタクリンク
15区
ルドルフスハイム・
フュンフハウス
14区
ペンツィンク
ギュルテル
7区
ノイバウ
地下鉄3号線
マリアヒルファー通り
①
ウィーン西駅
6区
マリアヒルフ
②
シュトゥンペル通り
31番地
地下鉄4号線
地下鉄4号線
シェーンブルン
④
シェーンブルン宮殿
13区
ヒーツィンク
12区
マイドリンク
地下鉄6号線
マイドリンク墓地
⑧ 浮浪者収容所

ウィーン中心部
ショッテンリンク
ドナウ運河
地下鉄４号線
地下鉄１号線
シュヴェーデンプラッツ
中央郵便局
シュトゥーベンリンク
シュテファンスプラッツ
シュテファン大聖堂
応用美術館 MAK
ウィーン・ミッテ駅
ケルントナー通り
パルクリンク
地下鉄３号線
市立公園
カフェ・
シュヴァルツェンベルク
シューベルトリンク
ホテル・インペリアル
楽友協会ホール
カールスプラッツ
シュヴァルツェンベルク広場
カール教会
ホーホシュトラール噴水
0
200m

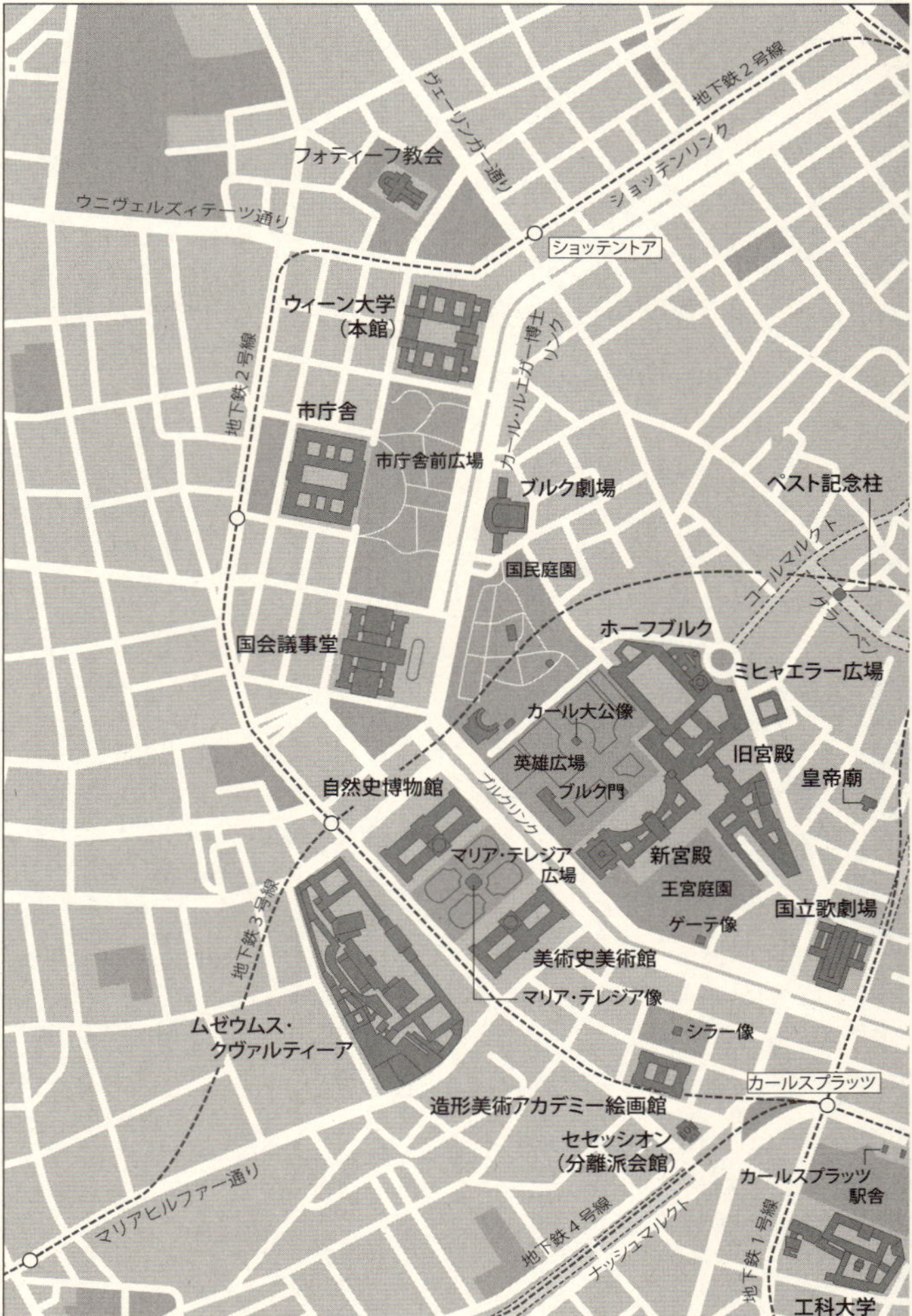

地下鉄２号線
ヴェーリンガー通り
ショッテンリンク
フォティーフ教会
ウニヴェルズィテーツ通り
ショッテントア
ウィーン大学
（本館）
カール・ルエガー博士リンク
地下鉄２号線
市庁舎
市庁舎前広場
ブルク劇場
ペスト記念柱
コールマルクト
国民庭園
グラーベン
ホーフブルク
国会議事堂
ミヒャエラー広場
カール大公像
英雄広場
旧宮殿
ブルク門
皇帝廟
自然史博物館
ブルクリンク
マリア・テレジア
広場
新宮殿
王宮庭園
国立歌劇場
ゲーテ像
地下鉄３号線
美術史美術館
マリア・テレジア像
シラー像
ムゼウムス・
クヴァルティーア
カールスプラッツ
造形美術アカデミー絵画館
セセッシオン
（分離派会館）
マリアヒルファー通り
カールスプラッツ
駅舎
地下鉄４号線
ナッシュマルクト
地下鉄１号線
工科大学

ヒトラーのウィーン

第一章　ウィーン西駅

駅舎の両側に巨大なサイコロのようなビルが建て増しされた現在のウィーン西駅

ウィーンの鉄道の中央駅は「西駅(Westbahnhof)」と呼ばれている。その名の示すように、ドイツ方面さらにはミラノやベネルックスに至る国際列車が発着するターミナル駅である。といってもウィーンの位置はヨーロッパの中心からかなり東に偏っているから、パリやフランクフルトのような壮大な駅ではなく、ミュンヘンから東に延びるオーストリア方面のローカル線の終着駅という感じである。

現在の西駅は一九五四年に改築されたものであるが、当時最もスマートであった駅舎も次第にヨーロッパ諸国の首都の中央駅のうち最もみすぼらしいものに転落していった、と言っても過言ではなかった。だが、数年越しの大改築が行われて、いまやそのつつましい駅舎の両側に巨大なサイコロのようなビルが建て増しされ、その中が深くくり抜かれたデザインは斬新である。

ウィーンには、これと並ぶ中央駅として、「南駅(Südbahnhof)」がある。これは、イタリア方面や、ハンガリーやチェコなど東ヨーロッパの主要駅と繋ぐターミナルである。そのほか、市街の北部には、かつてはチェコ方面へ(から)の列車が発着したフランツ・ヨーゼフ駅もあるが、いまは国内ローカル線の終着駅にすぎない。

さて、われわれはヒトラーのウィーンの話をこの西駅から始めよう。

ヒトラーの五年三ヶ月に及ぶウィーン滞在は一九〇八年二月から開始されたが、それまでに彼は二度ほどウィーンを訪問していた。一回目は父親が死んでから三年経った一九〇六年五月であって、一八八九年四月二十日生まれのヒトラーが十七歳になった直後であり、このウィーン行きをあえて意味づければ、翌年受ける予定の造形美術アカデミー（Akademie der bildenden Künste）の下調べというほどのものであろう。そして、二回目のウィーン訪問は一九〇七年九月であり、一回目の造形美術アカデミー受験のときである（不合格）。ともに短期間で郷里のリンツ近郊に戻っているが、ヒトラーの最初のウィーンの印象は『わが闘争』の中でも有名なものである。

それ〔画家としての才能＝筆者注〕と同じく、建築学それ自体に対する私の興味がどんどん膨らんできた。この興味は、私がまだ十六歳にならないうちに初めて二週間ウィーンを訪問して以来、加速度的に増してきた。……私は日々、朝早くから夜遅くまで名所から名所へと奔走したが、第一に私を呪縛したのはいつも建築だけであった。こうして、何時間も私はオペラ座の前に立ち、何時間も議事堂を賞賛していた。リンクシュトラーセ〔環状道路〕の全体が千一夜物語の魔法のように私に働きかけた。

これから二十六年後ヒトラーはドイツ帝国宰相として政治的絶頂期を迎えるが、まさにその成功は「千一夜物語の魔法」のようであったのではないか。なお、初めから難癖を付けると、「十六歳にならないうちに」は「十七歳になったばかりのときに」の間違いである（『わが闘争』において、ヒトラーはこういう基礎的間違いを繰り返し、二百刷を超えても訂正することはない）。

ウィーン市内はそのころ乗合馬車から乗合電車に切り替わった時期であった（一九〇二年電化）。そして、その少し前に（一八八〇年代から徐々に）薄暗いランプに代わって明るいガス灯や電灯が点き出した。眩しいほど明るい街灯に照らされて、前世紀末に次々に完成したリンク（じつは彼の地の人は「リンクシュトラーセ」とは呼ばず簡単にこう言う）沿いの壮大な建築群は一層華やいだ姿を見せ、人々は歓声を上げてそこをそぞろ歩いた。

ウィーン滞在開始の少し前、ヒトラーは彼の人生において最も過酷な試練に耐えていた。大好きな母の死（一九〇七年十二月二十一日）である。その二ヶ月後ようやく立ち直った十八歳十ヶ月の少年は、故郷のリンツをあとに前年失敗した造形美術アカデミーの二回目の受験に備えて、ウィーン西駅に降り立ったのである。

ふたたび『わが闘争』より。

手には服と下着を入れたトランクを、心には揺るぎない意志をもって、私はウィーンへ旅立った。五十年前に父が果たしたものを、私もまた運命から勝ち取ろうと望んだ。私もまた「何者」かになろうとした。けっして官吏になろうとは思わなかったけれど。

ヒトラーの父アロイスも十三歳でチェコとの国境に近い寒村からひとり脱出し、ウィーンに赴いた。そして、靴屋の徒弟を振り出しに、十八歳で大蔵省の守衛になり、そのまま官吏を続け、五十五歳の定年時には本官（九等官）にまで上り詰めた。その父が六十五歳で死んで五年後に、ヒトラーは「けっして官吏になろうとは思わなかったけれど」父以上の成功を夢見て故郷をあとにしたのである。

ヒトラーにおける真実と嘘

ヒトラーのウィーン生活はなかなか要領のいいスタートを切った。『わが闘争』の中で、ヒトラーはウィーン時代を通じて極貧の生活を送ったと書いているが、嘘である可能性が高い。父母からはかなりの遺産が入ったし、また独身で死んだ母の妹に当たるヨハンナ・ペルツルからも相当の遺産が入ったらしい。

W・マーザーなどの精緻な研究によると、じつはこのときヒトラーのトランクの中には三千八百クローネの金が詰まっていたはずであり、これは、独身者なら当時のウィーンでも三年間生活できるだけの金である（あえて換算してみると五百万円程度か）。また、唯一の友人アウグスト・クビツェクは、その著で、彼がリンツ駅まで運んでやったヒトラーのトランクは四つもあったと証言している。

なお、本書でこれから何度も確認するが、ヒトラーにあっては真実と嘘との境が限りなく見えにくくなっている。それは、彼が普通の意味での「嘘つき」であるからではなく、彼は、その実存の深いところで、この区別を無視するような性癖に支配されていたと見たほうがいい。だから、彼は絶え間なく嘘をつくが、彼にとってそれが嘘であるという自覚はなかったであろう。しかも、その嘘が自分を実際よりよく見せるための嘘なら、彼は単なる虚栄心の強い男にすぎないが、父親は（官吏であるのに）郵便局員であると言ったり、簡単なドイツ語のスペルをわざと間違えたり、実際より劣った評価を下されるような嘘をつくのである。

ヒトラー少年は五ヶ月前（一九〇七年九月）の第二回ウィーン訪問のとき、すなわちウィーン造形美術アカデミー受験のときに住んでいたシュトゥンペル通り三十一番地（三階の十七号室）の下宿にずっと家賃を払っていた。よって、一九〇八年二月からのウィーン滞在のとき、彼は西駅から十分とかからないその下宿に、着いたその日から住むことができた。シュトゥンペル通りとは、西駅を出て広場の左側に延びるウィーン屈指の繁華街マリアヒルファー通りからちょっと右に入った平凡な通りである。

なお、自分が住まない下宿に半年間家賃を払い続けるという事実を知ったとき、私は直感的に「おかしい！」と思った。いくらその下宿及び家主ツァクライス夫人を彼が気に入っていたからといって、造形美術アカデミーに通いながらウィーンで数年過ごす計画を立てていた彼にとって、こんな無駄遣いは許されないはずだからである。こうして、たちまちのうちにわれわれはヒトラーの謎に遭遇する。おいおい推量を試みてみるが、なぜかは一応、説明できる。だが、説明し終わったとたんに、それでは割り切れない「何か」が残る。そして、やはり根本のところで「わからない」と呟くほかないのだ。

ウィーンに着いた翌日から、彼はリンク沿いに立ち並ぶ華麗な建築群を見学することをはじめ、三度目のウィーン市内を熱心に歩き回ったに違いない。このあいだ、あの「憧れの」そして一度自分を落とした「憎むべき」造形美術アカデミーに足を運んだことも間違いない。たぶん、数度オペラ鑑賞に宮廷歌劇場（Hofoper）すなわち現在の国立歌劇場（Staatsoper）を訪れたことであろう。

二月末のウィーンは厳しい寒さである。ヒトラーは寒さに身をこごめて、安下宿に泊まり安料理を食べながら、手持ちの金を大切に保管して、将来の芸術家としての自分の姿に慰めを見出していたのであろう。

親友クビツェクの到着

西駅に着いたヒトラーは孤独であった。だが、彼にはひたすら友人を待ち望む楽しみもあった。唯一の友クビツェクが、リンツからこのウィーンにまもなくやって来るのだ。その無邪気と言えるほどの喜びに満ちたヒトラーの手紙が残っている。

きみが来るという知らせをもう心待ちにしている。すぐ便りを！　ぼくがうやうやしきお出迎えの準備万端をととのえられるように。ウィーン中がもう待ちこがれている。だからすぐ来たまえ。むろん迎えに行く。（『ヒトラー自身のヒトラー』W・マーザー、西義之訳、読売新聞社）

そして、ついにその日がやって来た。一九〇八年二月二十二日午前十一時、クビツェクを乗せた列車が西駅に着く。現在の西駅の改修により、各プラットフォームには初めて屋根がついたが、それ以前プラットフォームの大部分には屋根が付いておらず、ただ剝き出しの長い石の台が延びているだけであった。当時の正面玄関は華麗ではあるが、プラットフォームはやはり剝き出しであったろう。

こうした感動的な手紙から、ヒトラー少年は、そのずっと前から寒さに身をこごめながら長いホームに出ていたのであろう、と私は思った。だが、それがまったく違うのである。

ウィーン西駅のみならずヨーロッパの駅のいたるところに見られる光景は、ホームに立ち尽くして、滑り込む列車の窓を不安そうに眺める男女の群れのうち、ある顔がパッと明るくなり、その視線をたどると窓から大きく身を乗り出して乗客が手を振っている。そして、列車から降りるなり、互いが彼（彼女）のもとに走り寄り、その胸に飛び込み、長い抱擁とキスが続くのである。

だが、ヒトラーはホームに姿を見せなかった。クビツェクが大きなトランクを引きずりながらうろうろ西駅をさまよっているときに、寸分の隙もないウィーン風の服をまとって、ヒトラーはいきなりクビツェクの前に立ったのである。クビツェクは『アドルフ・ヒトラーの青春』の中でこのときのありさまを次のように記している。

アドルフは申し分のない都会人らしい出で立ちで現われた。上等の黒いオーバーを着、黒い帽子をかぶり、象牙の握りのついたステッキを持っていて、優雅と言っていいほどに見えた。明らかに彼は私の到着を喜び、私に心の籠った挨拶をし、そして当時の慣習にならって私の頬に軽いキスをした。

これも、どこにでも見られる「少年の虚栄」と言って済ますこともできよう。ヒトラー少年にとっては、自分がいかに都会風に洗練されているかをはっきり見えるかたちで示すことが必要だったのであろう。

しかし、短いクビツェクの描写から、友とのウィーン西駅における再会、友にどのように自分の第一印象を与えるのかが、ヒトラーにとって格段に(もしかしたら友との再会以上に)真剣な問題であったことが伝わってくる。このすべても身を離して見れば、幾分コミカルであり「かわいい」とも思われるが、こうしたなにげないようでいて、じつは必死の演技こそヒトラーにとって生涯を通じて最も重要なものであり、彼はこれを恐るべき真剣さで遂行するのだ。

このところも、どうしても「読めない」ところである。病的自己愛症なり、病的自己顕示欲症なりのレッテルを貼ってわかったつもりになることはできる。だが、それではどうしても余分が出てしまう。これがヒトラーの「深さ」である。あえてシニカルに解剖してみれば、その恐るべき単純さや軽薄さが、そのまま恐るべき真剣さや深刻さに通じている、とでも言えよう。後に見るように、ヒトラーは学校秀才ではない。秀才どころか掛け値なしの劣等生である。しかし、その頭の悪さが、いかなる秀才をも飛び越えた特殊な頭のよさに直結しているのだ。

ふたりが穏やかに話し合っているのを見た人々の誰も、そのうちの一人が後年全ヨーロッパを震撼させ恐怖の渦に叩き込む少年であることを予想しなかったであろう（彼自身ですら）。

ヒトラー少年の秘密

ふたりは西駅をあとにする。クビツェクは、駅を出た瞬間、ウィーンの「すごさ」に眼を見張る。「二月の薄暗い空の下、「駅前の広場を真昼のように照らす電気のアーク灯は恐るべきものであった」（前掲書）。何度も振り返って驚きの声を発する田舎の少年をやや侮蔑的に横目で眺めているヒトラー少年の顔が目に浮かぶ。

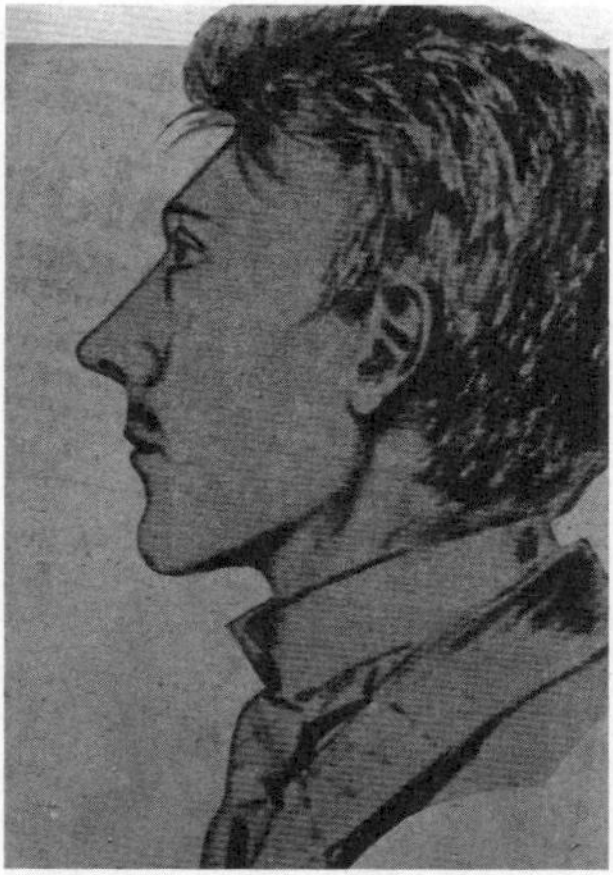
青年期のヒトラーを友人が描いた絵

ふたりはそれから楽しげに語り合いながら、シュトゥンペル通りのヒトラーの下宿に赴き、その日の夕方、早速ヒトラーはマリアヒルファー通り沿いの華麗な建築群を次々にクビツェクに見せる。それから、疲れている友人をリンク沿いの壮大な宮廷歌劇場まで連れていき、その中の絢爛豪華なホールを見学させ、さらにふたりはケルント

夜空に向かって突き上げるようにそびえるシュテファン大聖堂の尖塔

ナー通りに沿ってシュテファン大聖堂まで足をのばす。

クビツェクによると、その日は夜霧が濃くて尖塔は見えなかったということだが、二人で首が痛くなるほど真っ黒な空の方向を見上げ、ヒトラーが「ほら、あの辺りだ」とその方向を何度も指差していたことであろう。

そして、深夜下宿に帰り、ふたりはそれぞれの将来の夢を情熱的に語り続ける。だが、ヒトラーが自分の壮大な夢をとうとうと弁じているあいだ、くたびれ果てた友人はすでに寝息を立てていた。

ヒトラーは苦笑してそっと毛布をかけてやったであろうが、その平和な寝顔を見ながら、彼の脳髄では一つの秘密がことこと音を立てていた。それは、彼がまだ造形美術アカデミーの試験に合格していないということである。これに関しては次章で細かく見ていくが、クビツェクに告白することをヒトラー少年は躊躇している。言ってしまおうか？　いや、今度受かったらそれですべて帳消しになるじゃないか。わざわざ恥を晒してクビツェクごときに軽蔑されることはない。友に再会した嬉しさに数時間熱病のようにはしゃぎ回ったあと、十八歳のヒトラーは暗闇の中で「どうにかしなければ」と呟きつつそっと布団を首筋に引き上げたのではなかろうか？

この最初の嘘がずっと後までふたりの関係をぎくしゃくしたものにする。あれほど楽しみにしていた友との共同生活に暗い影を落とす。ヒトラーは最後まで友に自ら「秘密」を打ち明けず、嘘がぎりぎり持ちこたえられなくなったとき、ふたりの関係は決裂するのである。

それにしても、この二人の少年は、その時点ではなんと「普通」だったことか、と胸をつかれる思いである。無意味であることはわかっているのだが、クビツェクが音楽学校を卒業し指揮者としてまずまずの地位を得たように、ヒトラーも造形美術アカデミーを卒業しそこそこの画家になる、という将来像はこの時点で最も現実的なものであっただろう。

私の最後の哲学修業時代

私がウィーン時代のヒトラーに特別の関心を寄せるのは、私自身ウィーンで生活を一からやり直したという思いがあるからであろう。私は一九七九年十月二日、ウィーンのシュベヒャト空港にひとり降り立った。すでに三十三歳であった。東京大学人文科学研究科の大学院で哲学の博士課程に進むことを拒否され予備校教師に納まったものの、まったく適性はなく、それも見限ってウィーン大学に（私費）留学するために、まさに清水の舞台から飛び降りる覚悟で誰ひとり知る人のいないウィーンに飛んだのである。

空港の案内所で、リンクの南東の外れにあるホテル（ペンション・アルンベルク）が三日だけ予約できた。当時は円のレートが安く一泊一万円近くしたが、そこを外したらまさに野宿するしかない状況であった。

その黒ずんだ安宿のブザーを押すと„Bitte!“という声だけが上のほうから聞こえてきた。それは「どうぞ」という意味だが、そのときの私は突然ドイツ語の声がしたために混乱して、いまの„Bitte!“はどの意味だろうとしばらく思案していた。するとやっと広大な階段の上に民族衣装を着た女将さんの姿が見え、階段の下でおずおずしている私をきっと見て、右腕で乱暴に「入れ！」というしぐさをする。ああ、俺はドイツ語を十年以上学んできながら„Bitte!“の意味さえわからなかった。そう思って、私はそこにへなへな崩れてしまいそうな衝撃を受けた。

先日、空港に向かうタクシーの中からふと見たら、当時煤けていたその安ホテルはいまや白い近代的な四つ星ホテルに改装されていた。

ウィーン到着の翌朝、私は「シュテファン」に再会した。というのは、その七年あまり前、二十六歳の私はミュンヘンオリンピックの参加奉仕団の一員としてドイツを一月半訪れ、その折にウィーンに立ち寄ったのだ。

七年経って市電の乗り方も忘れ、私はペンション・アルンベルクから国立歌劇場までのリンクを一キロメートルほど歩いた。空は抜けるほど青い。寒かった。ケルントナー通りに入る角に位置するホテル・ブリストルのドアマンが、私に目配せし両手をこすり笑いながら„kalt!（寒い）"と語った。私は„kalt!"と言って微笑み返した。

シュテファン大聖堂を見上げながら、私は「俺はなんで、ウィーンに来てしまったのだろう？」と考えていた。未来はまったく見えなかった。誰ひとり知る人はいなかった。完全な誤算ではないのか？　私は自分の無謀さに苛立ちを覚えていた。

何しろ三日しか宿は確保できていない。これから数年この都市に住むつもりなのに、どうしたらいいのか？　追々下宿は見つけることにして、それまでのあいだ、さしあたり泊まれるホテルが必要になる。下宿が見つかるまで、一ヶ月は必要かもしれない。そう考えて、翌日から観光案内所を訪れたが、そんなに長期間予約できるホテルはなかった。

私はほとんど泣き出したくなって、日本で知り合いの教授から紹介された一面識もないYさんに電話し、彼の尽力の甲斐あってドナウ川の向こうのフロリッツドルフという新興住宅街に位置する長期滞在用安ホテルにたどり着くことができた。

そのホテルは駅前の殺風景な地域にあって、窓からは剝き出しの壁や灰色の高い塀しか見えなかった。壁のすぐ裏は共同トイレであって、その水音がしょっちゅう部屋中に轟きわたる。もう十月も中旬であり、日増しに寒くなり、太陽の沈むのが早くなった。それはむやみに赤く、窓の正面を塞ぐ剝き出しの壁のかなたに沈むのだ。

空港止めにしてある荷物（アナカン）も取ってきていない。着る物はいま着ているものだけだが、空港に赴いて荷物引取りの手続きをすれば一日つぶれる。そんな余裕はない。私は寸刻を惜しんで下宿を探した。そして、さまざまな不動産屋の物件に当たると、「日本人は清潔でないから」と断られたり、あからさまに侮蔑の視線を向けられたり、家主の語るドイツ語がまるで理解できなかったり、毎晩くたびれ果ててホテルに帰り、狭い部屋でおいおい泣き出したいほどの気持ちであった。こうして、二週間後に大学から市電で十分とかからない十八区のアウマン広場に面した壮麗な建物の中に下宿を見つけることができたのである。

ウィーンに着いたとき、私はすでに三十三歳であり、ヒトラーは十八歳の少年であった。私は極東の国からはるばるかつてのハプスブルク帝国の首都に着き、ヒトラーは百五十キロメートル西の同帝国内から来たにすぎない。

どこを取っても共通点は限りなく希薄である。なのに、（たぶん）寒々とした西駅で瞳をうろうろさまよわせたヒトラー少年と、誰ひとり待つ人のいない広大なシュベヒャト空港で途方に暮れていた三十男の自分とが二重写しになるのだ。あれからもう三十年以上が経った。そして、ヒトラーがウィーンに着いてから百年以上が経過した。

第二章　シュトゥンペル通り三十一番地

現在のシュトゥンペル通り31番地（ウィーン6区）

ウィーン時代を宿泊所によって三期に分ける

ヒトラーのウィーン時代は、一九〇八年二月十七日に始まり五年三ヶ月後の一九一三年五月二十四日まで続くが、彼のウィーンでの生活を居住地という観点から俯瞰してみよう。全体でおおよそ三期に分けられるように思われる。

第一期は西駅近くの六区（マリアヒルフ）にあるシュトゥンペル通り三十一番地に下宿していた時代。一九〇八年二月十七日、十八歳十ヶ月のヒトラーは、郷里のリンツ（郊外）からウィーンに到着し、その直後にリンツ時代の唯一の友人であるクビツェクをウィーンに呼び寄せ、自分の下宿で彼と共同生活を始める。だが、クビツェクが夏休みに郷里に帰り十一月に下宿に戻ってみると、そこはもぬけの殻でありヒトラーは何の書き置きも残さずに姿を消していた。[注1]

この第一期は短期間だが、なんといってもクビツェクの詳細な回想録『アドルフ・ヒトラーの青春』のおかげで、ウィーン時代初期のヒトラーの様子が手に取るようにわかる。この書とヒトラー自身の『わが闘争』によって、真相から遠くないヒトラーの生活がつかめる感じである。

シュトゥンペル通り三十一番地の下宿を出てから、ヒトラーはウィーン市内の下宿を転々としたが、約一年後の一九〇九年秋にいかがわしいユダヤ人の画商ラインホルト・

ハーニッシュが彼をウィーン市の南西に位置する十二区（マイドリンク）の「浮浪者収容所（Asyl für Obdachlosen）」で見かけている。ここに収容されていたと思われる一九〇八年十一月から一九一〇年六月までの約一年半が第二期である。この時期に、ヒトラーの描いたウィーンの名所旧跡の絵をハーニッシュが売りさばくという「仕事」が始まった。

この不安定な仕事は、当時のヒトラーにとっては唯一の収入源として貴重なものであった。彼は、売りさばくための絵を妨げられずに描けるよう、より設備のいい場所を選んだらしい。こうして、ヒトラーはウィーン市の東北に位置する二十区（ブリギッテナウ）にあるメルデマン通り二十七番地の「独身者施設（Männerheim）」に移るのである。ここに住まっていた時期が、五年間のウィーン滞在のうち約三年間（記録上は、一九一〇年六月二十六日から一九一三年五月二十四日にかけて）を占める第三期である。

（詳細は第九章に譲るが）独身者施設に入所して数ヶ月後に、ヒトラーは営業上のトラブルによってハーニッシュと仲たがいしている。だが、その後もヒトラーはやはり同じようにいかがわしい素性の男たちと手を組んで絵を売っていたらしい。とはいえ、路上で野垂れ死にせず、（たぶん）犯罪に手を染めることもなく、自活して約三年にわたって独身者施設に宿泊料をちゃんと払って泊まっていたのだから、「立派？」である。

なお、ハーニッシュが去ったあと、独身者施設でヒトラーはルドルフ・ホイスラーという五歳年下（十九歳）の青年と懇意になった。彼については別の章（第五章、第九章）で改めて紹介するが、二十四歳になったばかりのヒトラーは――かつてクビツェクをウィーンに呼び寄せ従者のごとく扱ったように――、このルドルフを従者のように連れてミュンヘンに旅立ったのである。

第一の宿泊所を訪ねる

二〇〇八年の十一月末に、私はヒトラーの最初の下宿のあった六区のシュトゥンペル通り三十一番地を訪れた。

十九区にあるわが家からは、バスで終点のハイリゲンシュタット駅まで行き、そこから地下鉄U４に乗り、次のシュピッテラウ駅で別の地下鉄U６に乗り換え、八つ目の駅がヴェストバーンホフ駅（西駅）である。行程は三十分くらいか。地上に出ると、すぐに正面に西駅（当時、工事中）が見え、その左側に広大なマリアヒルファー通りが延びている。

私がウィーンに留学していた一九八〇年代前半にはマリアヒルファー通りには市電が走っていたが、いまではその下を地下鉄U３が走るとともに市電は撤去され、中央に二車線だけ残して、あとは幅六～七メートルもありそうな歩道が両側にゆったり広がっている。

このマリアヒルファー通りに沿って西駅から遠ざかる方向に歩き、二つ目の角がもうシュトゥンペル通り。だらだらゆったり下っていく何の変哲もない地味な通路である。ああ、こんなに近いのかと感動したが、歩き始めるといつまでたっても三十一番地には着かない。そして、七分ほど歩いてやっとクリーム色のスーパーマーケットの横に三十一番地の表札を見つけた。他の建物から切り取られたように黒い鉄の門がある。

もちろん、ヒトラー居住当時の建物ではない。オーストリアでは、有名人に関連のある建物には、すべてオーストリア国旗とともに「この建物に〇〇〇〇年〜〇〇〇〇年のあいだ、××××が住む」と書いたプレートが埋め込まれているが、そこにはヒトラーの記憶はことごとく削ぎ落とされていた。

やがて黒い鉄の扉が開いて、中から旅行者風の若い男女のカップルが出てきた。写真を撮り続ける私を不審な面持ちで見るものだから、「ここにかつてヒトラーが住んでいたんですよ」と教えてあげると、男は眼を丸くしてカメラを取り出し、その鉄の扉に向かって何度もシャッターを押していた。

クビツェクの印象

西駅からはちょうど十分かかるこの便利な下宿を、ヒトラーは（一九〇七年九月の）二回目のウィーン訪問の折に見つけ、それから（一九〇八年二月の）ウィーン滞在にいたるまでずっとここに家賃を払っていた。その下宿から彼は西駅までクビツェクを迎えに行き、その下宿にクビツェクを（たぶん大はしゃぎで）迎え入れたのである。

その第一印象をクビツェクはこう述べている。

私が見た限り、とても堂々としていて上品な、私たちのような若者には上品すぎるかもしれないきれいな建物だった。アドルフは玄関を抜けて狭い中庭を横切った。裏側の建物はずっと質素に見えた。暗い階段を三階まで上ると、廊下に向かっていくつもドアが並んでいた。十七号室が目当ての部屋だった。……アドルフは二番目のドアを開けた。アドルフが住んでいた部屋で、そこにはみすぼらしい石油ランプが灯っていた。私は周りを見回した。まず私の眼を引いたのは、テーブルにも、ベッドにも、いたるところに置かれている大きなスケッチ用紙であった。すべてが寒々としていて貧しく見えた。（『アドルフ・ヒトラーの青春』）

そのテーブルの上に、クビツェクはトランクを開いてさまざまなご馳走を広げた。ヒトラーはそのとき蒼白になって「きみにはまだお袋がいるんだからなあ！」と言ったという。母親、クララ・ヒトラーの死（十二月二十一日）からようやく二ヶ月が経ったときであった。そして、たらふく食べたあとで、ヒトラーはノックして入ってきた家主のマリア・ツァクライス夫人にクビツェクを紹介する。

当日から、強引にヒトラーの「ウィーン案内」が実行されたことは前章で述べた。そこから、宮廷歌劇場を通ってシュテファン大聖堂まで行ったのだが、二人は歩いたのだろうか、それとも馬車から電車に変わったばかりの市電に乗ったのであろうか？　歩いたとしたら、マリアヒルファー通りに沿ってリンクに出、美術史美術館の裏側を右に折れてしばらく歩くと壮麗な宮廷歌劇場が見えるが、そこまで（若者の足で）約四十分である。そこからケルントナー通りをシュテファンまで歩くとさらに十分ほどかかる。

あるいは、ヒトラーは田舎者のクビツェクに近代的な市電を体験させたくて、車窓に映る景色を得意気に案内したのかもしれない。

ヒトラーは翌日から友の下宿を捜し歩いた。クビツェクは音楽院受験を目指していて、ピアノを置ける条件の下宿を求めたが、なかなか適当な物件が見つからなかった。そこで、最終的には、ヒトラーの提案でヒトラーの下宿していた狭い部屋と家主のツァクライス夫人の住む多少広い部屋とを交換して、そこに二人で共同下宿人になることにした。ピアノを置くことも許されたが、家賃は十クローネから一挙に二十クローネに跳ね上がった。

なお、マーザーによれば（『ヒトラー自身のヒトラー』）、当時の月給は郵便局員六十クローネ、五年職歴の教師は六十六クローネ、高校教師は八十二クローネであり、藤村瞬一に従って一クローネ千三百円に換算すると（『ヒトラーの青年時代』）、ヒトラーが一人で住んでいたときの下宿代は一万三千円であり、クビツェクと二人で住んでからは、二倍の二万六千円ということになり、（もちろん、下宿代は都市や時代によって異なり簡単に比較できないが）最低のランクのものではないが、中の下くらいのランクのものであったと考えられる。

一九九六年にB・ハーマンの『ヒトラーのウィーン』（Hitlers Wien, Piper）が刊行されたが、これはヒトラーのウィーン時代研究の集大成と言えよう。詳細をきわめている本書によると、シュトゥンペル通りの下宿はクビツェクの証言以上に酷いものであったらしい。一人で住んでいたときの部屋は十平方メートル（六畳ほど）であり、その後クビツェクと共同生活を始めた部屋でも二倍ほどの広さで、そこにピアノと二つのベッドを置いていたのである。さらに、夜は南京虫の大群に襲われて眠れないほどだったという。

ウィーンの悲惨な住宅問題

あまり研究者は触れないが、ヒトラーのウィーンに対する独特の憎悪、そしてそれに奇妙な具合につながるユダヤ人憎悪は、住宅問題と深く結びついている。当時のウィーンの富の格差を、彼はシュトゥンペル通りの穴倉のような住居とリンク沿いの壮麗な建築群の格差のうちに象徴的に見ていた。彼はウィーン滞在の初期のころから、この大都会の「住宅問題」をどうにかしなければと心を痛めていた。クビツェクがヒトラーに、「一日中どこで過ごしているのか？」と尋ねると、ヒトラーは「ぼくはウィーンの悲惨な住宅問題の解決に取り組んでいて、この目的のための研究をしている。だからいろんな所に行かねばならないんだ」と答えた。そして労働者の住居の設計図をクビツェクに見せた。貧民窟は取り壊さなければならないのだ。

幼年期を過ごしたパッサウでは、大蔵省官吏の息子として、ヒトラーは父の所有していた郊外の立派な一軒家に住んでいた。父の死後、母、妹パウラそして独身であった母の妹ヨハンナ・ペルツルと共に住んでいたリンツのアパートも、中産階級の面目が保てる小ぎれいなものであった。ヒトラーは――彼の父の前の世代がほとんど社会の最底辺に位置し劣悪な住居に住んでいたのに対して――、ウィーンに来る前は住居の貧しさをまったく知らなかった。ウィーンで初めて体験した劣悪な住生活の衝撃は大きいものであったであろう。

だが、皮肉なことに――その後、彼はウィーンでますます転落していき、ついには浮浪者収容所にまで至るのである。そのあいだ、ウィーンの最底辺の住居を転々としながら（たぶん時折、街路で寝ながら）も、建築家になる夢を捨てきれぬ彼は貧民窟を一掃した健康で清潔な都市の再生を頭に描いていた。貧民窟には売春婦がたむろし、梅毒が蔓延し、健康なドイツ人の若者の血が汚されていった（と彼は信じていた）。

当時のウィーンは、確かにある観点から見れば、ソドムやゴモラのような性的退廃の都市でもあった。エゴン・シーレは、少女のモデルを使って描いた油絵が風紀を乱すという理由で逮捕され、猥褻罪で刑務所送りになった。一九一二年のことであるから、ヒトラーがウィーンにいたときのことである。クリムトは、ウィーン大学の大講堂を飾る「哲学・法学・医学」の三枚の天井画を依頼されたが、一九〇〇年に「哲学」をまず公開すると、猥褻であるとの理由で採用を拒否された。男女が次々にセックスパートナーを変え、しかもセックスシーンが絶え間なく続くシュニッツラーの『輪舞』が上演禁止になったのもこのころである。

ヒトラーは、こうした「道徳的退廃」を全身で嫌悪した。われわれはここで、頭を切り替えねばならない。現在われわれが賞賛している「ウィーン世紀末」こそ、ヒトラーにとっては闇なのだ。悪徳と退廃に支配された負の部分なのであり、これを葬り去って、新たに健康な生命力と活力に満ちた光を投じなければならない！

一方では、富と逸楽と退廃に溺れている人々がいる。他方、貧困に呻き声を上げている人々がいる。この格差はなんとしたことであろう！　ここに、ぼんやり見えてきたものがある。そうだ、ユダヤ人だ！　みんなユダヤ人が悪い！　一方では、国民を堕落させる不潔で猥褻な芸術を推奨し、他方では、梅毒をばら撒き悪臭漂わせるあのユダヤ人たちさえウィーンから追い出せば、この都市は健全で清潔なものとして蘇るであろう。

話を元に戻そう。ヒトラーとクビツェクの記述から察するに、彼らが共同で住んだ下宿は、下宿人が大家の住んでいる住居のうちの一部屋を借りるという形態で、ドイツ語では「ウンターミーター（Untermieter）」と言う。直訳すれば「従下宿人」すなわち又借り人である。それに対比されるのが「ハウプトミーター（Hauptmieter）」であり、これも直訳すれば「主下宿人」であって、大家が別に住んでいて借家人はその全住居を借りるという形態である。

一般に、ウィーンの大家は「ウンターミーター」を置いても、「自分の家」という意識が強いので、ああしてはいけない、こうしてはいけないという注文がうるさく、勝手に部屋に入ってくることもある。クビツェクの記述を総合すると、大家のツァクライス夫人は「うるさくなかった」ようである。そこが、ヒトラーの気に入ったところだったのであろう。

ヒトラー少年に対する女家主の誘惑

クビツェクは、下宿探しに際して女性に関するヒトラーの興味深いエピソードを二つ紹介している。

その一つはヒトラーに対する女家主の誘惑である。絹のガウンを纏って出てきた貴婦人が、クビツェクが下宿を探していると伝えると、ヒトラーがここに住んでクビツェクはいまのヒトラーの下宿に住めばいいのにと提案した。身体をよじったさいにガウンの紐が解けてしまったが、その下は短い下着だけであった。ヒトラーは顔を真っ赤にしてクビツェクの腕をつかんで飛び出したという。ヒトラー少年は、年上の女が「食指を動かしたくなる」容貌であったに違いない。

もう一つは、嫉妬とも潔癖ともとられる話。クビツェクは結局シュトゥンペル通り三十一番地のヒトラーの下宿に落ち着いたが、やがて彼は数人の若い女性を相手に家庭教師のようなバイトをし始めた。その女子学生の一人が、ある用件のためヒトラーの留守中に下宿にやって来た。ヒトラーが戻ってきて、部屋に若い女性がいるのを見つけると、激怒したという。

ヒトラーにはリンツ時代にシュテファニーという初恋の相手がいた(といっても相手が気づかないほどの片想いだが)。クビツェクはヒトラーのこうした、「女嫌い」と言えるほどの態度は、シュテファニーに対する失恋に起因すると結論づけているが、それは違うのではないかと思われる。むしろ、宮廷歌劇場の三階ではいつも男女がいちゃついているのを見るのが不快だから、そこを避けたという他の逸話が示しているように、ヒトラーは性的場面を目にすることに嫌悪を覚える少年だったのだろう。

これは、後に（第六章で）見るように、彼の異常ともいえる潔癖症と連関しているであろう。ヒトラーの性的欲望あるいは性的趣味はかなり特異なものであると言っていいが（としても単なる統計的なものにすぎないが）、それを語ることには慎重でなければならない。われわれは、他人の性的異常をわずかにも嗅ぎつけると、直ちにサディズムとか、マゾヒズムとか、ホモセクシャルとか、服飾倒錯とか、性的不能とか……の定型的な衣を着せたがるが、個々人の性的特徴はこんなラベリングで切り取れるものではない。

ここでは、ヒトラーにはホモセクシャルの傾向がなかった、というクビツェクの証言だけを付記しておく。ある日、ヒトラーが街で紳士に誘われたが（ということは、ヒトラー少年は少年愛の傾向のある男にとっても魅力的であったのだろう）、そのときヒトラーは激しい嫌悪感を表したとクビツェクは証言している。それは自分に向けられた欲望に対する嫌悪であって、だからといって一般的にホモセクシャルの傾向が皆無であることにはならないが、何よりも半年も一緒に一部屋に寝泊りし、ヒトラーの言動の隅々まで観察している従者のような男の言葉は信じるに値するであろう。

私のウィーン下宿生活

さて、ここでふたたび「私ごと」に脱線すると、私は現在借りているコーベンツル通りの家までウィーンで五回住居を変えた。三十年前にウィーンで結婚してからの形態はすべて「ハウプトミーター」であるが、前章で述べた最初に住んだ十八区のアウマン広場の下宿は、大家の住居の一部を借りる「ウンターミーター」であった。

その最初の下宿はいまから考えるときわめて特異であり、私はきわめて幸運であったとも言える。大家である老婦人はほとんど家にいないのだ。そこには、彼女の寝室さえなくて、ほんの時折夜中に帰ってくると、台所に閉じこもって朝まで酒びたりであった。だから、私は自分の部屋以外にそれぞれ十畳以上ある応接間と居間も自由に使えた（居間にはグランドピアノさえ置いてあった）。これで下宿代は二千シリング（一九七九年当時のレートで三万〜三万五千円）であったが、この住居を全部借りるとしたらもちろん破格に安いが、名目上は長細い八畳ほどの部屋を借りただけであったから、これでほぼ標準的な下宿代である。

私のようにひとりで個人宅に下宿する学生もいるが、ヒトラーのように気の合った友人と一部屋をシェアする者も少なくない。また、大部分の学生は大学やカトリック団体が資金的に援助する学生寮に入るようである。

さて、ヒトラーが憤慨したウィーンの住宅事情であるが、墓場のように寒々としたコンクリートの集合住宅は意外に多い。ある週刊誌には、電気や水道もまともに使えない住宅が一割はあると書いてあった。その一方で、私が、「部屋を借りたい」と新聞広告で募集すると夥しい家主から電話がかかってきたが、裕福な者は何軒もの貸家を持っているからウィーンの住宅の四分の一が空き家である、と親しい不動産屋から聞いたことがある。つまり、ウィーンの住宅に関する格差は凄まじいのだ。

ウィーンは東京と同じく二十三区から成っているが、市の全人口が百六十万人程度であるから、一区あたりの住民数は平均十万人に満たず、一つの区が東京で言うと「田園調布」とか「成城」という名前が表す地域に相当する。東京の場合「世田谷区」というと一般に住宅地としての評価は高いもののその中にはさまざまな地域があるが、こうして特定の住宅地に細分化されると、住宅地としてのランクがはっきり決まってくる。そのように、ウィーンでは区のレベルで住宅地のランクが確定してしまうのである。そのうち十九区、十八区、十三区が「御三家」であり、たまたま先祖代々から家のある中央の一区、三区などが評価の高いところであるが、最低にランクされるいくつかの区も(ここでは差しさわりがあるから挙げるのを控えるが)「有名」である。

暗い影

ヒトラーに戻ろう。竹馬の友もウィーンにやって来て、彼との共同生活まで実現できた。最初の関門は突破でき、何もかもがうまく行っているかのように見える。友の前でヒトラーはすでにウィーンに居所を構えている自分を誇らしく思ったことであろう。そして、過酷な大都会で、その友と「肩を寄せ合って」生きられるのだから、喜びにあふれていたはずである。

だが、(前章でもちょっと触れたが) すでにここには彼の嘘が暗い影を引きずっている。そして、この嘘がヒトラーのこれからを暗示し、この嘘がヒトラーという人間のあり方をよく語っている。

ヒトラーは一九〇七年九月に受験した(一回目の)造形美術アカデミーの入学試験に合格しなかったが、彼はウィーンに留まったまま、ぷっつり連絡を絶ってしまう。その後、ヒトラーからクビツェクの許に短い手紙が届いたが、そこにはウィーンの住所が書かれているだけであった。クビツェクは、こうした事情のすべてから、ウィーンにおけるヒトラーの挫折を推測していた。

彼が私に書いてきたのはこれだけだった。しかし、この頑なな沈黙の背後には、彼が示している以上のことが隠されていると私は予感した。というのは、アドルフが沈黙したのはほとんどの場合、ただ話すにはプライドが高すぎたのだから。(前掲書)

その後、クビツェクはある日リンツの街角でヒトラーの母クララに会ったが、そのとき彼女は「アドルフは元気よ。何を勉強しているか私にわかればねえ。それについてちっとも書いてくれないの。多分忙しいんだと思うわ」（同書）と語ったという。ヒトラーは一九〇七年九月から十一月までウィーンの下宿に留まった。父の遺産はあったし金には困っていなかった。だが、そこで毎日いったい何をしていたのであろうか？　この時期、彼はクビツェクにも手紙を寄こさず、後になっても語っていないのであるから、何もわからない。すでにこの年の初めからクララの病状（乳癌）は思わしくなかった。それでも、九月にウィーンにひとりで行ってしまった息子からは、何の便りもなかった。

そして、（なぜか）十一月末に突如として彼は郷里に舞い戻ってきたのである。ヒトラーはクララの病状の悪化に驚き、クビツェクも驚くほどかいがいしく世話をする。しかし、クララは息子と再会して一ヶ月も経たない十二月二十一日に死んでしまった。クビツェクもヒトラーとともに葬儀に参列している。そこには異母姉のアンゲラもいて、そのお腹には（後にヒトラーの恋人になる）ゲリがいた。

葬儀が終わるとすぐにクリスマスである。クビツェクがクリスマスイヴの晩はどう過ごすのかとヒトラーに聞くと、シュテファニーのところに行くと答えながら、じつは一晩中「外」にいたそうだ。画家になるという夢も砕け散った。シュテファニーも諦めるよりほかない。そして、最愛の母まで死んでしまった。「外」で彼は何を考えていたのであろうか？

十八歳のヒトラーは寒空に向かって叫んでいたのではないか？　あるいは、頭をこぶしで何度も打って、自分を責め続けたのではないか？

ぼくが九月に合格していれば、すぐにも母に手紙を書き、容態を知るや否や大急ぎで帰郷したはずだ。そうでなくとも、ぼくが母にはっきり不合格と知らせ、その後連絡を取っていれば、母はこんなに早く死ななかったであろう！　ぼくは、自分のかじかんだ虚栄心のために、取り返しのつかないことをしてしまった！


嘘の重みに押しつぶされて……


こうした経緯をたどっていくと、なぜヒトラーが半年間もシュトゥンペル通りの下宿に家賃を払っていたのかが解明されるように思われる。クビツェクの証言によると、ヒトラーは彼にもクララにも造形美術アカデミーの入学試験に落ちたことを言わなかった。想像するに、ヒトラーは見る影もなく衰弱した母親に対して、合格したと嘘をついていたのではないか？

さすがにクビツェクにはそうはっきり嘘は言えないにせよ、ウィーンで二人が同居を始めた後ですらクビツェクはヒトラーが造形美術アカデミーに通っていると信じていたのであるから、少なくとも合格したと仄めかしていたのであろう。

歳はクビツェクのほうが半年だけ上であるが、ヒトラーはクビツェクを生徒のように従者のように扱っていた。父親の職業も、大蔵省の官吏と家具職人とでは歴然とした違いがあるのだ。クビツェクに弱みを握られたくない。足許を見られたくない。ヒトラーのプライドは何も話さないところで終わらずに、合格したと仄めかすところまで至っていたと考えるのが自然であろう。

彼は母親の死後もしばらく郷里に留まった。そして、翌一九〇八年二月にふたたびウィーンに向けて出発する。造形美術アカデミーに通っているという嘘と辻褄を合わせるには、彼はずっとウィーンを生活の拠点としなければならないはずであり、そのためには同じ下宿に家賃を払い続け、母の死のために一時帰郷したが、ふたたびそこに戻るという嘘を重ねねばならない。

ヒトラーの悲しいプライドが、悲しい叫び声を上げている。しかも、彼はこうした悲しい嘘をつきながらも、うすうす嘘に気づいている友人を手放しで歓待し彼と同居までするのだ。西駅にクビツェクを迎えに行ったこと、彼が疲れ果てるまでウィーンの街を案内したこと、そして、彼のために熱心に下宿を探し、自分の下宿に住まわせたこと、こうした無邪気な振る舞いがすべて暗い湿った嘘によって裏打ちされていることを知るとき、暗澹とした気分になる。そして、同時に「ああ、これがヒトラーなのだ」と思わずにはいられない。

彼は、クビツェクと愉快に語りながら、楽しい食事をとりながらも、今晩告白しようか、明日告白しようかという思いに押しつぶされそうだったにちがいない。その思いが身体中で唸りを上げ、一日が終わるとき常に後悔したにちがいない。「じつは、ぼくは試験に落ちたんだよ」というひとことをそのとき言わなかったために、次第に真実を語ることが難しくなっていく。

そして、——ここを強調したいのだが——ヒトラーがヒトラーたる所以は、こうした余人なら耐え難い状況、しかも長く続くであろう苦しい状況を避けることがない、ということである。その惨めな状況が身体に黒々と染みつき、彼をぐさぐさ刺し続け、しかも徹底的に居心地が悪くはないのだ。むしろ奇妙な居心地のよささえある。ひとこと言ってしまえばラクになる。だが、むしろだからこそ彼はそれを実行しないのである。

クビツェク、音楽院に合格する

だが、運命はさらに過酷にヒトラーの両肩に襲いかかる。クビツェクがウィーン到着後すぐに（一九〇八年三月）音楽院の入学試験にたった一度で合格してしまうのだ！

じつは、かつて音楽に身を捧げたいというクビツェクの希望をかなえてやるように、家具職人の父親を熱心に説得したのはヒトラーであり、その前に母親の承認を得たのもヒトラーである。クラシック音楽などとは無縁の職人が、息子のウィーン行きを許したのは、そこにヒトラーがいたからである。父親の許可が下りると、二人は手を取り合って喜んだ。だが、ヒトラー自身は入学試験に落ちた。それをいまだに同居している友人に言えずにいる。そして、クビツェクはあっさり受かってしまった。

ウィーンに着いてから、下宿の一室で毎日のようにクビツェクは音楽院の受験を、快活に、感謝して、ヒトラーに語っていたはずであり、受験勉強に専念していたはずである。そして、一部屋に共同下宿していたヒトラーは、それを横目で眺めながら、「受かったらどうしよう!」という苦い思いに苛まれていたにちがいない。

クビツェクの受験が近づくにつれて、ヒトラーのぎこちない態度から、クビツェクの脳髄には、もしかしたらヒトラーは造形美術アカデミーにまだ合格していないのではないか、という思いがよぎったかもしれない。「この頑なな沈黙の背後には、彼が示している以上のことが隠されている」とふたたび思い返していたのかもしれない。

運命の悪戯として片付けるには、あまりにも酷い仕打ちである。その知らせを受けたとき、ヒトラーは雷が頭上に落ちたような衝撃を受けたことであろう。クビツェクは言っている。

私は音楽院の入学試験に合格したことをアドルフに告げた。そして、いまやアドルフと同じように正式な勉強の場ができたので喜んでいた。アドルフはただ「ぼくにそんな賢い友達がいたとは、知らなかったよ」と言っただけであった。（前掲書）

これから半年後にヒトラーは造形美術アカデミーの試験を受け、またもや落とされる。そして、彼はかつて自分が友人を呼び寄せた下宿から予告もなしに姿を消すのである。

注1　シュトゥンペル通りの下宿の住所については、長らく論争があった。このことは藤村瞬一の『ヒトラーの青年時代』（刀水書房）に詳しい。クビツェクが『アドルフ・ヒトラーの青春』で「シュトゥンペル通り二十九番地」と書いてあることから、一連の研究者はこれに倣ったが、後に警察への住居届け証が出てきて、そこに三十一番地とあったことからこれが決定的になった。現在、該当地を訪れてみると、二十九番地と三十一番地はマリアヒルファー通りから入って右側に並んでいるが、中は繫がっている。そこで、一つの憶測だが、――ウィーンではよくあるように――彼らは何らかの理由で、日常的には二十九番の入り口を利用していたのではないか？　そのことが記憶にあってクビツェクは二十九番地と書いたのではないか？　あくまでも憶測だが、何の理由もなくクビツェクが間違ったとも思われないので……。なお、このことを指摘してくれたのは、本書の元になる『波』に掲載された連載（そのときは二十九番地としていた）を読んで手紙をくれた（当時日本大学の学生であった）西丸壮一郎君である。

第三章　造形美術アカデミー

造形美術アカデミー絵画館

入学試験の様子

国立歌劇場から時計回りにリンクを少し進むと、王宮庭園（Burggarten）の入り口にゲーテの像がある。椅子にゆったり腰掛けた余裕のあるゲーテ晩年の姿である。リンクをはさんでその反対側、やっと見分けられるほど遠くにシラーの立像がある。その広場はシラー広場と呼ばれ、その正面の荘厳なファサードを誇る四階建ての建物が造形美術アカデミーである。

二〇〇八年の十一月に内部にはじめて入ってみた。壮麗な天井で有名な広間は工事中で入れなかったが、建物はルネッサンス様式で統一されていて、広い大理石の階段や明るく優雅な模様の天井画が印象的である。なぜか、工事関係者以外ほとんど人気がなかった。ヒトラーはここを一九〇七年秋と翌一九〇八年秋の二度受験し、二度とも不合格であった。どのあたりが試験場だったのだろう、と思いながら、私は建物の中を四階まで昇ってあちこち歩き回った。

ヒトラーの造形美術アカデミー受験の有様はずいぶん細かく知られている。まず、ヒトラー自身『わが闘争』の中で次のように書いている。

こうして、二度目となるが私は美しい都会にいた。そして、燃え立つほどの待ちきれなさで、だが誇らしい自信も抱いて入学試験の結果を待っていた。私は成功について確信していたので、不合格の通知は青天の霹靂のように私を打ちのめした。

これは、一九〇七年秋の第一回受験のさいの心境である。試験の経過は、およそ次のようなものであった。

試験は十月一日と二日の二日間にわたり、午前と午後それぞれ三時間に及んだ。その内容はデッサンであり、百三十三人の受験生は「楽園追放、狩、春、建設労働者、死、雨」のようなテーマグループから八つの制作課題を選んで完成させる。このいわば一次試験で三十三人が不合格となったが、ヒトラーは通過した。

これに合格した者は、持参した作品が審査されるが、このいわば二次試験でヒトラーは落とされた。考査表には（一次試験のデッサンは通過したのに、なぜか）「デッサンは不可」と記載されている。最終合格者は二十八人であった。

ちなみに、エゴン・シーレは前年に十六歳で同じ試験を受けて合格した。彼は在学中アカデミーの雰囲気に反発して惨憺たる成績だったのだが……。

絵画科か建築科か？

『わが闘争』においては、不合格の通知を受けたという右の記述の直後に次のような記述が続いている。

私は学長に面会し、アカデミーの一般絵画科に入学できない理由を説明してくれと頼んだが、そのとき彼は私に、私がもってきた絵は画家への不適性を間違いなく示しているが、私の才能は明らかに建築の分野にある、つまり私がアカデミーの絵画科に受かることは問題外だが、唯一建築科なら受かるかもしれないと私に保証してくれた。

学長との面会の時期ひとつ取っても、ヒトラー研究者のあいだでは意見の対立がある。やや煩瑣になるが、推論を重ねてみよう。この面会は、文のつながりから言えば、一回目の不合格後のことと解するのがごく自然であるが、そうするとその次の文章と辻褄が合わなくなる。

私は打ちのめされてシラー広場のハンセン設計の華麗な建物をあとにし、青年時代に初めて自分自身との不一致を感じた。というのは、私の素質について〔学長から〕聞いたことが、いままでなぜか、そして何のためか、ということについての明らかな正当化を自分に与えることができずにずっと長いあいだ苦しんでいた葛藤を、ぎらぎらした電光のごとく一挙に被いを取ってくれたかのように思われたからである。数日経ってみると、自分でも、私はいつか建築家になるのだということを心に決めていた。（同書）

この部分が、読者を悩ます不透明なヒトラーの文章の典型である。彼の癖（？）の一つは、自分に不利な事柄を語るときに文章はきわめて抽象的になり、情緒的になり、定型的になり、しばしば真実（とみなされるもの）から逸れていくことである。しかも、際立った特徴であるが、隠すべき中核の事実よりむしろその「周辺」の事実が微妙に逸れていくのだ。

ヒトラーがウィーンのカール教会を描いた水彩画

自分の才能は絵画よりむしろ建築にある、という学長の助言が「ずっと長いあいだ苦しんでいた葛藤を、ぎらぎらした電光のごとく一挙に被いを取ってくれた」と書いているが、それは事実ではない。彼は学長の助言によってはじめて建築に対する才能を自覚したのではなく、ずっと以前から自分には建築に対する才能があると確信していたのであるから。

では、なぜヒトラーは一回目の受験で建築科ではなく絵画科を選んだのか？ 次の記述からすると、建築科受験の条件を知ったのは、一回目の不合格以降であるから、一回目の受験において建築科受験の条件を充たしていないから絵画科に鞍替えしたという理由は成立しない。とすると、真の理由は見えてこない。

だが、そんなことにはおかまいなく、ヒトラーの「主観的」回想録は続く。

もちろん道はきわめて険しかった、というのは、いままで私が反抗心から実科学校で怠けてきたことが、いまや厳しく報いてきたからである。アカデミーの建築科に入るには技術建築学校を出ていなければならず、さらにそこへ入るには予め中学校の卒業試験に合格していることが条件であった。それらすべてが私には完全に欠けていた。〔神業ではなく〕人間の見地で考えれば、芸術家になろうとする私の夢を充たすことは、もはや不可能であった。（同書）

この文章は、素直に読めば、絵画科の受験に失敗し、建築科の受験資格もないことが判明し、芸術家としての道を完全に諦めたという告白である。

だが、彼は諦めきれずに、ウィーンの下宿をそのままにして、翌年また造形美術アカデミーを受験したのであるから、右の心境がじつは第一回受験のときだとすると、学長の励ましによって今度は建築科へ進路変更するべく奮起したとも考えられる。というのは、建築科の場合、特別に才能を有する者は卒業証書がなくても例外として入学を許されたからである。

しかし、それならどうして再度絵画科を受験したのか？　そこでまたわれわれは暗礁に乗り上げる。

推理に推理を重ねると

さらにわれわれを混乱させるのは、これに続く次の文章である。

さて、私が母の死後三度目にウィーンに来たとき、今度は何年もいたのだが、その間に経過した歳月により私に平静と決断力が戻ってきていた。以前の反抗心が再び生じて、自分の目標を最終的にとらえた。私は建築家になろうとしたのである。そこには抵抗があったが、服従する抵抗ではなく、粉砕する抵抗であった。……当時私には運命の厳しさと思われたもの、それを今日では摂理の知恵と感謝している。

困窮の女神が私を抱きしめ、しばしば私を破滅させようと脅かしたことによって、抵抗の意志が成長し、ついに意志は勝利者になったのだ。（同書）

これもまた「ヒトラー的悪文」の典型である。この長々とした抽象的な言葉の連なりはどうであろう？　異様に力強い決意だけが窺われるが、「服従する抵抗」「粉砕する抵抗」「運命の厳しさ」「摂理の知恵」「抵抗の意志」などの大げさな言葉の含みもつ情報量は驚くほど少ない。

なかんずく、ヒトラーはここでウィーンに来たときの決意を語っているが、そうだったら初めから建築科を受験すべきであったのに、実際は絵画科を受験したのだ。どこまでもヒトラーの記述は混乱していて、お手上げといったところである。しかし、これは、単にヒトラーの記憶力が乏しいわけではないようである。問題は、どうも彼は作為的に真実を混乱させているらしいことであり、しかも（たぶん）自分自身これをどの程度意図的に為しているか自覚していないことである。

哲学者は、„Natur"という言葉を使う。これは、「自然」という訳語と「本性」という訳語が統一像を結ばず、苦肉の策としてしばしばこの両者を兼ね備えて「自然本性」と訳すことがある。まさに、こうした半ば意図的な記憶の混乱、半ば意図的な矛盾の放置、半ば意図的な虚言こそがヒトラーの自然本性なのだ。

そして、彼の文章から、事実に関する情報はこれほど危ういのに、気分の高揚だけはじわりと伝わってくる。ヒトラーが『わが闘争』を口授していたときの気分がそのままウィーン時代の回想に混じり込んでいて、両者の時間的差異が消滅しているのだ。

ここで推理に戻る。

学長に面接したことが一回目の不合格後ではなくて、二回目の不合格後だったらどうであろうか？　そうすると、すべてがうまくつながる。二度目の一九〇八年秋の受験では、ヒトラーは第一次試験さえ通過しなかった。これは、かなりの痛手だったに違いない。そこで、彼は、昨年は通過したのになぜ今年はダメなのか、どうしても釈然としなくて学長に直訴した。そして、はっきり絵画の才能のないことを通告され、しかも建築科の受験資格もないことが判明したので、芸術家としての道を完全に諦めざるをえなかった、というわけである。

だが、この解釈の最大の難点は、いかなる証拠もないことであり、単なる推量にすぎないということである。ただ、この推量はそれなりの根拠を持っている。それは、クビツェクの証言を待つまでもなく、『わが闘争』を精読すると、論理的矛盾は限りなく、とくに時間順序の錯誤は夥しいということである。どうも、ヒトラーには「特別の才能」があったようである。それは、自分にそう思われることがすなわち客観的事実であるとみなすことに対して何の抵抗もないということである。

ともあれ、学長から間接的にでも建築の才能があることを仄めかされ、彼は暗闇の中に一条の光を見たことであろう。彼は後々まで自分が世界的建築家になれる才能をもっていると信じていた。その思い込みも、このときの学長の言葉が支えているのかもしれない。

ヒトラーの異様な苛立ち

一九〇八年秋に行なわれた造形美術アカデミー試験に再度挑戦したものの、ヒトラーは無残にもまたもや失敗してしまった。その後一ヶ月あまりで彼は同居人クビツェクに何の連絡もせずに、シュトゥンペル通りの下宿から「蒸発」してしまうのだが、この一ヶ月間のことはまるでわからない。ただ、ヒトラーが造形美術アカデミーを呪い、ウィーンを呪い、世界を呪って、まさに絶望の淵にいたであろうことは充分察せられる。彼がその後ウィーンで四年半ものあいだ生きながらえたことが不思議である。

ここでは、時間をやや元に戻して、ヒトラーが試験を受けるまでの様子、とくにクビツェクとの関係を垣間見てみよう。

先に(第二章で)触れたように、一九〇八年二月にリンツから呼び寄せたクビツェクは一ヶ月後の三月にあっさりと音楽院に合格してしまった。そしてヒトラーはクビツェクに、自分は前年秋に造形美術アカデミーに合格したと嘘をついていた。少なくともクビツェクはそう信じていた。しかも、尊敬する友は建築科に通っていると信じていた。

こうした状況のもとで、一九〇八年三月から七月はじめにクビツェクが郷里に帰るまでの数ヶ月のあいだ、ヒトラーは悲しくもコミカルな劇を演じ続けるのである。このあたりのことをクビツェクは――いくぶん悪意の混じる筆致で――詳細に描き出している。まず、クビツェクが驚いたのは、ヒトラーの異様な苛立ちである。

そもそもこうしたウィーンでの初めのころから、私はアドルフが完全に心のバランスを失っているという印象を受けた。些細なきっかけでも怒りの発作を起こさせた。私が彼の意に適うようにしてやれないと、あらゆる形で共同生活をめちゃくちゃにする日々もあった。……彼は全世界と対立していた。眼を向けるものに、彼は不当と嫌悪と敵対のみを見ていた。彼の批判的判断に耐えるものは何ものもなく、彼は何ものも承認しなかった。(『アドルフ・ヒトラーの青春』)

クビツェクは、自分が音楽院に合格してから、友の態度がますます硬化していくことを知った。とくに、クビツェクから造形美術アカデミーでの授業風景を聞かれると、ヒトラーの苛立ちは募った。

クビツェクの増大する疑い

その上、クビツェクには、ヒトラーがとうてい真剣に建築を学んでいるようには見えなかった。友は晴れた日には、きまってシェーンブルン宮殿に散歩に行く。「彼の勉強は野外ですることができて、孤独なベンチで片付けられた」(同書)と思い込もうとしても、どうも様子がおかしい。ヒトラーが熱心に物語を書いているのを目撃したとき、クビツェクの疑いは増していく。

この奇妙な文章と建築の勉強とのあいだにはいかなる関係も見出せなかった。そこで私は、それは何かと質問した。『劇だよ』とアドルフは答えた。そして、筋書きを夢中になって私に語り聞かせた。……私は、一体このような戯曲を片手間に書けるほど造形美術アカデミーの勉強には時間の余裕があるのか、と尋ねてみたくなった。しかし、アドルフは自分が選んだ仕事に触れられることには何にでも過敏になることを私は知っていた。私はそういう彼の気持ちがよくわかった。なぜなら、彼は苦労を重ねて建築の勉強を勝ち得たのだから。この点で彼はとくに過敏になっているのだろうと思っていた。しかし、それにもかかわらず何か腑に落ちないようにも思われた。(同書)

次のくだりは、後のヒトラーの行動を知っているわれわれからすると、あまりにも正確にその「世界憎悪」とも言える彼の思想の性格を物語っている。

彼の精神状態は、日に日に私を心配させるようになっていった。以前にはなかったことだが、彼は自分自身を責めるようになった。……彼はますます深く自己非難へともぐり込んでいった。だがそうなると、単純な切り替えが必要になり……自分自身に向けた非難は時代と世界に対する非難へと変わった。彼はものすごい憎悪を込めて現代に怒りをぶちまけ、自分を理解しない、自分を迫害し欺いていると感じていた全人類に対してひとりで孤独に立ち向かっていた。（同書）

友を執拗に観察するクビツェクの眼には次第に疑いの色が濃くなっていったであろう。ヒトラーも纏いつくハエのようにそれをうるさく不快に思ったことであろう。そして、まもなくヒトラーの嘘がばれるときが来る。クビツェクがいつのことか正確に記していないので推測するほかはないが、七月初めにクビツェクは郷里に帰ってしまうのであるから、五月か六月のことであろう。とにかく、ふたりのあいだに何とも滑稽でかつ悲しい喧嘩が起こるのである。

翌日、私たちのあいだでひどい喧嘩が起きた。きっかけは些細なことである。私はピアノの練習をしなければならなかったが、アドルフは読書をしたかった。外は雨であった。だから、彼はシェーンブルンには行けない。「そのガチャガチャ音をいつまで出すのだ！」と言って彼は私に飛びかかってきた。「逃げることもできないじゃないか」。「じゃ、こうしよう」と私は答えて立ち上がり、音楽関係の鞄から時間割を取り出して、戸棚に画鋲で貼り付けた。……そして「さあ、この下にきみの時間割も貼ってくれ」と私は続けた。時間割？　彼によれば、そんなものを書きとめておく必要はない。時間割はすっかり暗記しているのだから。これで彼は満足したようだし、私も満足せざるをえなかった。こうして喧嘩は終わった。（同書）

この日はひとまず喧嘩は収まった。だが、ヒトラーの心には深い傷がついたはずである。いまや、友は自分を疑っているらしい。自分の嘘を見抜いているらしい。この思いは、プライドの高いヒトラーを追い詰めたことであろう。しかも、これ見よがしに音楽院の時間割まで貼られている。

友に、嘘をついていたことを告白するのは恐ろしい。しかし、これ以上嘘をつき続けるのももう限界だ！

ヒトラーの告白

そして、ある日ついにヒトラーは告白する。計算通りであったか、思いがけずであったかはわからない。しかし、ヒトラーのほうから行動に出るのである。

それが私の将来の公的な保証書のように彼に影響を与えたに違いないが、戸棚に貼った時間割を前にして、彼は怒りを爆発させた。「このアカデミーとは！　古臭くて硬直した時代遅れの国家公務員、理解能力のない官僚、愚かな役人どもなんだ！　アカデミーは全部爆破されてしまうがいい！」

彼の顔色は死人のように青白く、口は完全に干からびていて、唇はほとんど真っ白だった。しかし、眼は燃えるようだった。不気味だった、その眼は！　まるで彼の抱きうるあらゆる憎しみがこの燃え上がる眼に宿っているようだった。きみが際限のない憎しみをもって一刀両断に非難しているアカデミーの男たちは、やはり教師や教授なのだから、きみは彼らからいろいろ学ぶことができるだろう、と言って私は彼に反対しようとした。しかし、彼は私の言葉の先手を打った。「彼らはぼくを拒否しぼくを放り出した。ぼくは閉め出された……」。驚いた。そうだったのか。アドルフはアカデミーにまったく通っていなかったのだ。これまで彼に関して不審

に思った多くのことが、いまや解明された。（同書）

このときクビツェクが語る証言以外のヒトラーの様子はわからない。うなだれていたのか？　平然としていたのか？　クビツェクはこう続ける。

彼の運命に心の底から同情して、私はアカデミーに合格しなかったことを母親に話したのかと尋ねた。「何という考えをするのだ。瀕死のおふくろにそんな心配をかけられないだろう」と彼は答えた。そのことはよくわかる。しばらく私たちの間を沈黙が支配した。（同書）

末期癌の母に不合格を知らすことができなかったのはわかる。だが、無二の親友クビツェクにも知らさなかったこと、さらに建築科に合格したと信じ込ませていたことは、クビツェクにとって理解できないことであっただろう。そう考えると、クビツェクがヒトラーの告白に怒らず、冷静にとらえたことがかえって不思議である。自分に長々と嘘をついていたことをいっさい咎めなかったことが不自然である。

思うに、事実を知って、責める気持ちがまったく消え失せるほど、そのときのヒトラーの惨めさがクビツェクに伝わってきたのであろうか？　真相はわからない。先の引用文の最後に「驚いた。そうだったのか。アドルフはアカデミーにまったく通っていなかったのだ。これまで彼に関して不審に思った多くのことが、いまや解明された」と書き記しているが、じつはクビツェクはすでにヒトラーがアカデミーに不合格であったことを知っていたと解するのが最も自然であろう。知っていて、知らないふりをしていた。とするとクビツェクのほうこそ、この告白によってかえってほっとしたにちがいない。

「これからどうするんだ?」

クビツェクはヒトラーに「これからどうするんだ?」と聞いたが、彼はただ「わからない」と答えたきりであった。クビツェクは、戸棚から時間割を剝がそうとした。ヒトラーは頭を上げてそれを眺め、そして「そのままにしておけよ」と静かに言った。

七月初めにクビツェクは郷里に帰っていった。すでに父母が亡くなったヒトラーには、帰る家がない。彼はずっとウィーンに留まっていた。そして――先に述べたように――、彼はクビツェクがウィーンに戻る直前の一九〇八年十一月十二日に、下宿から姿を消すのである。

われわれが次に彼を見出すのは、マイドリンクの浮浪者収容所においてである。十九歳になったヒトラーは、胸膨らませてウィーンにやってきて九ヶ月も経たないうちに、その底辺で、――洛陽の西の門でうなだれて立ちすくんでいた杜子春のように――あらゆる希望を断ち切られて生きていくほかなかったのである。

第四章　シェーンブルン宮殿

シェーンブルン宮殿の前で開かれるクリストキンドルマルクト（クリスマスの市）

ウィーンのクリスマス

列車が西駅を出ると、やがて左側の窓にシェーンブルン宮殿が木立の隙間から一瞬その壮麗な姿を現す。カーレンベルクからも、右手はるか奥のほうに蜃気楼のようにうっすら霞んで見えるときがある。それは、富士山のように、どこから見ても何かしら感動を呼ぶ。

二〇一〇年一月、ウィーンには珍しく雪が降り積もり、突如私は雪のシェーンブルンを見たくなった。大急ぎで、わが家からバスと地下鉄のU4を乗り継いでシェーンブルンに到着する。両脇の小さな門をくぐると、広大な庭園は一面の銀世界であり、次第に高まってはるかかなたまで続く庭園の上にはレモン色の光が差して薄紫の雲がたなびいていた。ヒトラーもこの素晴らしい光景を一度くらいは眺めたのではないだろうか？

それより二年前の（二〇〇八年）十一月末にも、シェーンブルンを訪れた。正門を入ると巨大な樅《もみ》の木が正面に据えられ、その広場をぐるりと屋根付きの小さな店々が取り囲んでいる。こうしたクリスマスの市のことを「クリストキンドルマルクト（Christkindlmarkt）」という。

屋台では、クリスマスの飾り付け、人形、玩具、帽子、手袋、マフラーなどが売られている。ホットドッグや焼き栗の店も出ていて、人々はこの時期にだけ味わえる「プン

雪が降って一面の銀世界と化したシェーンブルン宮殿の広大な庭園

シュ」と呼ばれる熱くて甘いワインのコップを両手で包んで飲んでいる。氷のように冷たい風が頬を刺す。その中を老若男女が、眼を輝かせて次々に明るい電球の灯る屋台に顔を突っ込む。そこは、くるみ割り人形や古い絵本や蠟燭の灯る模型の家の並ぶおとぎの国であり、誰も彼もグリムやアンデルセンの童話に夢中になっていた子供時代に戻るのである。

私がウィーンに移り住んでから最初のクリストキンドルマルクトは心弾むものであった。日も極端に短くなり、寒さが身に染むころ、将来の展望はまったく立たず、ウィーンでドクターを取れる見込みもなく、ドクターを取れたって、大学に就職できる見込みはまるでなく、いや計画通りウィーンに一年半住める見込みもなく、それどころか、この冬を乗りきれる自信さえなかった。

そんなとき、まさにヒトラーのように「これからどうしたらいいのだろう?」という思いに押しつぶされるようになって、私は大学の講義の合間を縫い、市庁舎前広場で繰り広げられるクリストキンドルマルクトに紛れ込んだのだ。やはり、そこには、聖書物語とグリムやアンデルセンの世界が混じり合っていた。「樅の木」や「アヴェ・マリア」などが入ったカセットテープを買ってきて、部屋で何度も聴いた。

そのころ、大学内でちらほら数人の日本人留学生と知り合うようになり、彼らの学生寮で、もう一度学生生活に戻ったかのような地味なクリスマスイヴを過ごした。だが、彼らの多くは政府給費留学生やサバティカルを取ってきた大学教師で、私のような私費留学生はいなかった。つまり、彼らには将来が保証されており、私の将来は何も見えなかった。彼らと一緒に笑い転げながら、あるいはウィーンやウィーン人の悪口を語りながら、私はいつも彼らとのあいだに横たわる大きな溝を感じていたのである。

つい脱線してしまった。ヒトラーに戻ろう。彼はウィーンでの五回に及ぶクリスマスをどう過ごしていたのであろうか? 何の記録も残っていないが、私の脳裏には、寒空にひとり背をこごめ、こうした子供っぽい屋台の並ぶ通りをせせら笑うようにあるいは頰をゆがめて通り過ぎる一人の寂しい若者の姿が浮かび上がってくる。

なぜ、シェーンブルンなのか?

シュトゥンペル通り三十一番地でクビツェクと一つの部屋に下宿していたとき、ヒトラーは（晴れた日は）毎日のようにシェーンブルン宮殿に行っていた。このことも、われわれはクビツェクの証言だけから知っているのだが、まず初めに頭に浮かぶのは、「なぜシェーンブルンなのか?」という問いである。

シェーンブルンの庭園は確かにすばらしいが、西駅近くのシュトゥンペル通りからそれほど近いわけではない。宮殿の入り口まででも四キロメートルほどあり、ヒトラーは歩いて行ったであろうから、片道一時間の行程である。

シュトゥンペル通りの下宿から蒸発したのは一九〇八年の十一月であるが、その後、下宿を転々とした後、マイドリンクの浮浪者収容所に入ったらしい。マイドリンク一帯はシュトゥンペル通りよりシェーンブルンにはずっと近いから、ここに移り住んだ後もヒトラーのシェーンブルン散歩は続いたものと思われる。

あえて想像してみるに、ヒトラーが散歩する場所としてシェーンブルンを選んだのは、建築と歴史に対する並々ならぬ関心によるのかもしれない。一回目の造形美術アカデミーの受験に失敗し（一九〇七年九月）、クビツェクにそれを隠しながら、彼は二回目の受験に挑戦しようとしていた。結果として彼はふたたび絵画科を受けるのだが、建築家になろうという夢を捨てることはなかった。

私はいつか建築家として名を成そう。そして、運命がそのとき私に示してくれるであろう小さなあるいは大きな枠組みをもって、国民に私の誠実な仕事を捧げようと望んだ。(『わが闘争』)

彼はクビツェクを執拗にリンク沿いの壮麗な建築群の鑑賞に引き回し、ちょっとでもクビツェクが飽きたふうを示すと「きみはぼくの友達ではないのか!」と怒ったという。生涯の最後まで、ベルリンの総統府の地下壕でおかかえ建築家シュペーアに製作させた理想の首都バビロンにもまさるベルリンの市街模型をじっと愛撫するように眺めるヒトラーがいた。

こうした「純粋」とも言える彼の建築に対する思いを知れば知るほど、無意味とはわかっていても、ヒトラーが建築家になっていたらと仮定してしまう。これほど憧れていた建築に彼がその情熱をすべて捧げることができたとしたら、そしてそれがある程度評価されたとしたら、ああした悲劇は完全に回避できたであろう……と思ってしまうのだ。

ヨーロッパ史の舞台としてのシェーンブルン

そして、ヒトラーがシェーンブルンを選んだもう一つの理由は彼の歴史に対する関心によるのではないか？　実科学校時代、彼の唯一の得意科目は歴史であった（といっても、成績は可であるが）。レオポルト・ペッチュという教師が彼に多大な影響を与えた。

今日なお、私は白髪のこの男をいささかの感動をもって思い出す。彼は出来事を描き出す情熱によってわれわれにしばしば現在を忘れさせ、過去の時代に魔法をかけるように連れ戻し、無味乾燥な歴史的記憶を数千年の霞に覆われたものから活き活きした現実へと形成するのであった。そのとき、われわれはしばしば彼の燃えるような熱弁に夢中になり、しかも時には涙を流すほど感動したものである。〔中略〕この教師は歴史を私の大好きな科目にしてくれた。（前掲書）

このあたりで、ざっとヨーロッパ史をおさらいしておく。一八〇六年、神聖ローマ皇帝フランツ二世は自ら退位し（オーストリア皇帝フランツ一世となり）、ここに千年に及ぶ神聖ローマ帝国は幕を閉じた。その後、一八〇九年十月十四日に、ナポレオンがこのシェーンブルンで、オーストリアとの和約を締結した。ヒトラーがウィーンに入城する百三十年ほど前のことである。

ナポレオンはフランツ一世の娘マリー・ルイーズと結婚、その子ナポレオン二世は生まれながらのローマ王（皇太子）であり、幼年時よりここで幽閉されたような生活を送った後に、わずか二十一歳にしてここで死んだ。その部屋もいまなおそのまま残っている。

そして、ナポレオンがエルバ島に流された後、ヨーロッパの秩序を回復するための権謀術数が飛び交うウィーン会議が招集されたのも（一八一四〜一五年）、ここシェーンブルンである。

ロシア皇帝アレクサンドル一世と小間物屋に勤めるウィーン娘クリスティーネとの（ありえない？）恋を描いたエリック・シャレル監督の映画『会議は踊る』に見られるように、ヨーロッパの王侯貴族が一堂に会する華麗な舞踏会が毎晩のように開催された。そして、ウィーンの街にはクリスティーネのように愛くるしい少女たちが笑いさざめき、ホイリゲ（酒場）で連夜恋がささやかれ、バイオリンの音がすすり泣いていたのである。

もちろん、ヒトラーはこのすべてを知っていた。世界史が転換したまさにこの歴史の表舞台を、若きヒトラーは散歩しながら噛みしめ味わっていたのではないだろうか？まさかそのわずか二十五年後に、自分がその檜舞台に立つことになろうとは夢想だにしないで。

フランツ＝ヨーゼフに対するヒトラーの無関心

当時、皇帝フランツ＝ヨーゼフ一世はまだ健在で、ヒトラーがウィーン長期滞在を始めた一九〇八年にすでに七十七歳であった。老皇帝は気さくに市民の前に顔を出していたようで、クビツェクも次のように書いている。

老皇帝が黒い将校帽を被って宮廷馬車でシェーンブルンからこのマリアヒルファー通りをホーフブルクに向かう途中、私たちは彼を見かけることができた。ほとんどの場合、皇帝はひとりでオープン馬車に乗っていた。〔あるいは〕唯一のお供として、サーベルを下げ二角帽をかぶった伝令将校が乗り合わせていた。（『アドルフ・ヒトラーの青春』）

このあとで、クビツェクは「アドルフはとくに関心を示さなかった」と続けている。たしかに、あれほどハプスブルク家によるオーストリア支配を嫌悪していたヒトラーが、フランツ＝ヨーゼフ個人に対して、いや一般に王族や貴族に対してまったく無関心であるのは奇妙なほどである。彼はこうした「高貴な人々」におもねるわけでもなく、嫉妬するわけでもなく、憎悪の炎を燃やすわけでもない、ただただ完全な無関心なのである。

これは、一時代を築いた英雄として、世界史的に見ても珍しいことのように思われる。

ここで、一九〇八年という年に照準を合わせて、もう少し立ち入ってハプスブルク家およびオーストリア・ハンガリー二重君主国（die Doppelmonarchie）の状況を眺めてみよう。

この年、皇帝在位六十周年の行事が華々しく行なわれた。ボスニア＝ヘルツェゴビナを併合したのも同じ年である。やや時間を遡ると、十九年前の一八八九年一月三十日に、皇太子ルドルフはマイヤーリンクの狩の館でハンガリーの下級貴族マリー・ヴェツェラと共に謎の死を遂げている（ヒトラーは同じ年の四月二十日生まれである）。

その後、けっして喪服を脱ぐことのなかった皇妃エリーザベトも、一八九八年九月十日、スイスのレマン湖畔でアナーキスト、ルケーニに刺されて死ぬ（このとき、ヒトラーは九歳）。ウィーンでロングランを続けたミュージカル『エリーザベト』では（私は三回観た）、幕が開くと黒ずくめのルケーニに向かって、舞台全体に「なぜ、エリーザベトを殺したのだ？」という声が轟く。ルケーニは、その声に怯えつつ「なぜだ、なぜだ、なぜだ、と？……なぜなら、彼女がそれを望んでいたからだ」と答えて姿を消す。そして、最後にエリーザベトは「死」という名の美青年とワルツを踊りながら天国に向かうのである。

国際政治の舞台としてのシェーンブルン

ルドルフ亡きあと、従兄弟（カール＝ルートヴィヒの息子）のフランツ＝フェルディナントが皇太子の地位についたが、彼は十一年後の一九〇〇年六月二十八日に身分のきわめて低い貴族の娘ゾフィー・ホテックとの結婚を断行した（ヒトラーは十一歳）。

フェルディナントとゾフィーとの結婚は、身分違いの「貴賤結婚」と呼ばれるもので、皇帝フランツ＝ヨーゼフは最後まで反対し、それを許可した後も一度も皇太子妃を接見することはなく、彼女は公の席では常に夫と離れた末席に甘んじ、純粋に一代限りの結婚で、生まれた子供たちも皇帝一家の一員としては遇されず、相続はじめいかなる特権も享受しないというものであった。

この夫婦が十四年後に、——しかも結婚式と同じ日に——サラエヴォで銃殺され、それが第一次世界大戦の引き金となりハプスブルク帝国が滅びたことは、歴史物語としてもできすぎているほど「筋の通った」ものである。

そのとき、フランツ＝ヨーゼフは八十三歳であり、すでにウィーンを去りミュンヘンに移住していたヒトラーは二十五歳であったが、このニュースを聞いたときの二人の反応は奇妙に似ている。フランツ＝ヨーゼフは、失望落胆するどころか「私が維持できなかった秩序が神の手によって再び回復された」と語ったという。そして、ヒトラーは

『わが闘争』の中で次のように喜びを表明している。

『オーストリア大公の家』は可能な限りチェコ化していた。そして、オーストリアドイツ主義の最大の敵であるフェルディナント大公を弾丸で倒した者たちは、——その弾丸の鋳造を大公自ら手伝ったのだが——永遠の正義と仮借のない報復をもたらす神の鉄拳であった。

フェルディナントの死後、皇太子は甥（弟オットー＝フランツ＝ヨーゼフの息子）、カールが継いだ。彼はその三年前の一九一一年十月二十一日にブルボン＝パルマ家の娘ツィタと結婚し、フェルディナントの「貴賤結婚」に猛反対したフランツ＝ヨーゼフは、ヨーロッパ屈指の名門令嬢との結婚にご満悦であった。このとき、ヒトラーはブリギッテナウの独身者施設に入居していた。街の片隅で、壮麗な結婚の式典を伝える新聞記事を冷え冷えとした心で読んだことであろう。

そして、（月並みな表現であるが）運命のいたずらか、一九一四年のサラエヴォ事件によりカールは思いがけず皇太子になったと思う間もなく、その二年後（一九一六年）のフランツ＝ヨーゼフの死により、ハプスブルク帝国最後の皇帝に即位したのである。

こうしためまぐるしい世界情勢において、シェーンブルンは一つの政治センターであ

18世紀末以降のハプスブルク家略系図
（♛がオーストリア皇帝）

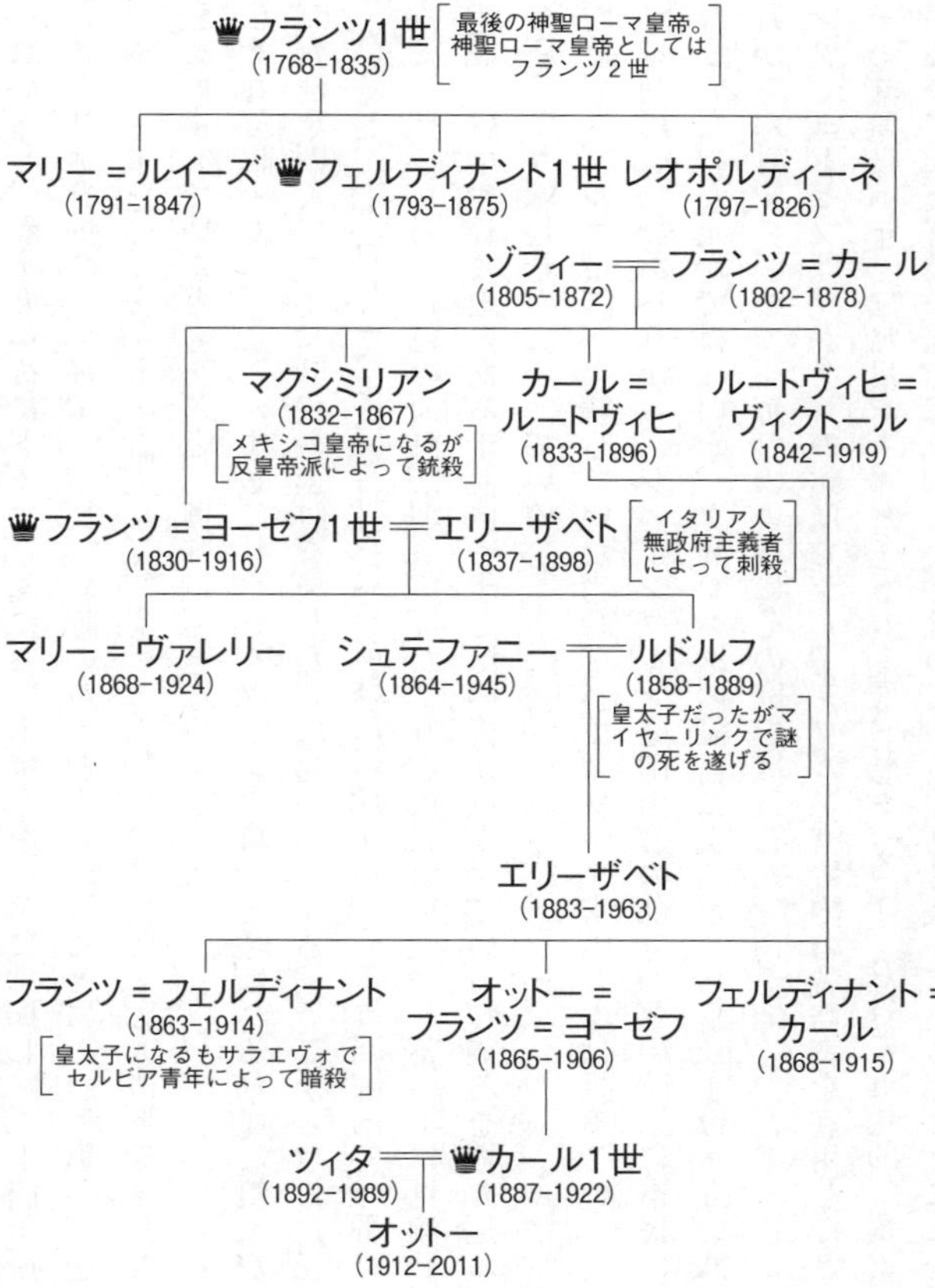

♛フランツ1世
(1768–1835)
最後の神聖ローマ皇帝。神聖ローマ皇帝としてはフランツ2世
マリー＝ルイーズ
(1791–1847)
♛フェルディナント1世
(1793–1875)
レオポルディーネ
(1797–1826)
ゾフィー
(1805–1872)
フランツ＝カール
(1802–1878)
マクシミリアン
(1832–1867)
メキシコ皇帝になるが反皇帝派によって銃殺
カール＝ルートヴィヒ
(1833–1896)
ルートヴィヒ＝ヴィクトール
(1842–1919)
♛フランツ＝ヨーゼフ1世
(1830–1916)
エリーザベト
(1837–1898)
イタリア人無政府主義者によって刺殺
マリー＝ヴァレリー
(1868–1924)
シュテファニー
(1864–1945)
ルドルフ
(1858–1889)
皇太子だったがマイヤーリンクで謎の死を遂げる
エリーザベト
(1883–1963)
フランツ＝フェルディナント
(1863–1914)
皇太子になるもサラエヴォでセルビア青年によって暗殺
オットー＝フランツ＝ヨーゼフ
(1865–1906)
フェルディナント＝カール
(1868–1915)
ツィタ
(1892–1989)
♛カール1世
(1887–1922)
オットー
(1912–2011)

った。それからわずか十九年後にドイツ帝国における権力を一手に掌握し、二十四年後にはオーストリアを併合しウィーン市民に歓呼の声で迎えられることになった男が、造形美術アカデミーに受かることを唯一の希望として掲げながら、（たぶん）腹をすかせてその庭を散歩していたと考えると、興味は尽きない。

その広大な庭は、ちょうど真ん中辺に「ネプチューンの泉」と呼ばれる華麗な噴水が設置された池を囲んでローマ時代の遺跡を模した建造物が位置する。そこからさらに丘を登っていくと、「グロリエッテ」と呼ばれる凱旋門に達する。そこは庭園内で一番高いところで、そこからは黄色の大鳥が羽を広げたような広大な宮殿が一望の下に見渡せ、さらに背後にはやや丘陵地にある十六区や十七区の街が広がっている。後ろを振り返ると、眼の届く限り緑地帯が広がっている。

いまだハプスブルク帝国が存続していた当時、ハプスブルク家の人々は折々この「夏の離宮」を利用したであろうから、シェーンブルン庭園のどの部分がどの時期に市民に開放されていたのか定かではないが、クビツェクの証言によると、ヒトラーは一九〇八年の三月から六月くらいまで、毎日のようにその庭を散策した。

フランツ＝ヨーゼフは、かなりの頻度でシェーンブルン宮殿内の執務室を利用したという。その部屋はいま（風呂場やトイレまで）公開されているが、意外に近代的で質素である。彼が広大な宮殿の庭を窓からじっと眺めている絵画も残っている。ことによったら、その執務室で老皇帝がハプスブルク帝国の行く末を案じていたちょうどそのとき、同じ宮殿の庭のベンチで若きヒトラーはハプスブルク帝国打倒の壮大な夢を描いていたのかもしれない。

最後の皇妃ツィタ

ついでであるから少々脱線すると、最後の皇帝カール一世はどこから見ても凡庸な男であったが、皇妃ツィタはなかなかのツワモノで、その後ヒトラーと予期せぬ形で「覇権を競い合う」ことになる（以下の事実に関する記述は、ほとんどG・ペカールの『チタ』〈邦訳、新書館〉による）。

彼女は、一八九二年五月九日生まれであるから、ヒトラーより三歳若い。一九一八年にハプスブルク帝国が滅びるとスイスへ逃れ、夫と必死の思いでハンガリー王・王妃という地位だけは確保しようと奔走するがそれもならず、七人の子供たちを連れて北大西洋のポルトガル領マデイラ島に逃亡する。その後、一家はスペイン、ベルギーと転々とした後、アメリカに渡る。そのさい、国民議会は、彼らがハプスブルク一族の統治権およびすべての特権を永久に放棄するという法案を可決し、彼らがオーストリアに留まっていれば、生命・身体の安全も保障されない、と宣告する。

夫の皇帝は一九二二年四月一日にマデイラ島で客死し、そのとき長男のオットーは九歳であり、ツィタは彼の「戴冠式」を執り行い、その日から周囲の者に彼を「皇帝」と呼ぶように命じたという。彼女は夫の死後二ヶ月にして、このマデイラ島で八人目の子エリーザベトを出産した。ツィタは、オットーが十八歳になると、伝統に則ってハプスブルク家の当主としての成人式を挙行した。さらに彼女は、アメリカやカナダでハプスブルク帝国最後の皇妃という身分を利用して講演活動を続け、最後まで「皇妃」という称号を捨てることを拒否した。オットーが正式に「退位」を表明したのはじつに一九六一年のことであり、彼は一九六六年にオーストリアへの入国を許されている。

しかし、皇妃という身分を棄てなかったツィタは長く祖国への入国を許されなかった。じつは——いま考えても残念であるが——、私はツィタともう少しで「会う」ことができたのである。私は一九七九年十月二日から一九八四年三月二十日までウィーンに滞在したが、ツィタは一九八二年十一月十三日に、六十三年ぶりに（一九一九年三月二十四日にオーストリアを出国）ウィーンに帰還したのである。ツィタはすでに九十歳であった。

これは彼女の亡命後三度目の祖国オーストリア訪問であった。ツィタには特例が発せられ、彼女は同年の八月十七日と九月一日にも二回にわたって、娘アーデルハイトの墓参りのためにオーストリア国家に入っていた。私は、そのときの大衆紙『クリエ』や『クローネン・ツァイトゥング』の一面を飾った黒ずくめのツィタの写真も、彼女が

(おそるおそる?) 国境を越えると、市長をはじめ多くの市民は、彼女を „Eure Majestät (陛下)" と呼んで大歓迎したという記事もぼんやり憶えている。このすべてを夕方のテレビニュースで観たような気もする。だが、なぜかツィタがウィーンに来たときのことはまったく憶えていない。

皇妃がウィーンに帰還する日、シュテファン大聖堂の前には一万二千人の市民が迎えたということである。その日は土曜日であったから、大学の講義も (非常勤講師をしていた) 日本人学校の授業もなかったはずで、そのとき私が何をしていたか忘れたが、かえすがえすも残念なことである。

ツィタは一九八九年三月十四日に九十六歳で亡くなった。四月一日に葬儀が挙行され、シュテファン広場にはハプスブルク家やブルボン家をはじめとするヨーロッパ屈指の名門貴族たち二百人あまり、それにウィーン市民二万人が集まってツィタを見送ったということである。ツィタの遺体はハプスブルク家の人々が葬られている皇帝廟 (Kapuzinergruft) に納められ、夫である最後の皇帝カールの遺体はマデイラ島に埋葬された。

では、ツィタはヒトラーと一体どんな関係があったのか? 彼女はヒトラーが政権を握ってから、ローズヴェルト大統領に三度も会っていた。時には、ハンガリー王妃として「接見した」というのだから、したたか者である。そして、「ナチス敗北のさいには、ドナウ周辺国家を、民主主義を基調にした中欧連合国家にしたい」旨の共同コミュニケまで出している。息子のオットーとロベルトもローズヴェルトに招待され、その席で「ドナウ連邦」の建設を主張している。だが、これはあくまでも彼女サイドの話で、どこまでアメリカ政府が真に受けたかわからない。

オットー・フォン・ハプスブルクの葬儀

ここで、意図的に本書のテーマから脱線することにしよう。

二〇一一年七月十六日、オットー・フォン・ハプスブルクの（国葬に準じた）葬儀があった。彼は最後の皇帝カールと最後の皇妃ツィタの長男であり、死の四年前まで六百人を超えると言われるハプスブルク家の当主であった。今回は私も心ゆくまで見学できた。

シュテファン大聖堂に入ってミサに参列できるのはハプスブルク家やその親族、政治家など招待客のみであるが、横の入り口では数人の市民が「入れてくれ、歴史的瞬間じゃないか！」と騒いでいる。午後二時過ぎに、次々に煌びやかな衛兵などの衣装に身を包んだ男女が大聖堂内に入っていく。そのあとに、喪服に身をくるんだハプスブルク家やヨーロッパの王族たちが続く。

午後三時からシェーンボルン枢機卿のもとシュテファンでミサが執り行われた。スウ

2011 年 7 月 16 日に行われたオットー・フォン・ハプスブルクの葬儀のミサ終了後の葬列。オットーの棺の後ろにカール（写真中央の背の高い男性）。その両脇に息子のフェルディナントと娘のエレオノーレ。その少し後ろを歩いているのが、カールの妻フランシェスカと娘のグロリア

ェーデン王と王妃、スペイン王女、ベルギー王女、ルクセンブルク大公、リヒテンシュタイン公夫妻、それにオーストリア大統領も参列した。シュテファン広場には巨大スクリーンが設置され、内部の式典が手に取るようにわかる。三十度を超える炎天下、数千人の市民や観光客たちは食い入るように画面に見入っている。正面の席にオットーの長男カール（当時五十歳）、その息子フェルディナント（同十四歳）、それに二人の娘が座っている。

午後四時半ごろミサは終わ

り、オットーの棺を中心に二千人を超える葬送の列が、グラーベン、コールマルクト、ミヒャエラー広場、王宮、リンクを通って、皇帝廟まで続く。まずオーストリア軍隊の軍人たち、それに続いて華やかな衣装に身を包んだ各州の衛兵たち、学生団の若者たち、枢機卿をはじめとする僧侶たち、そしてオットーの棺の直後にカールとフェルディナントと二人の娘が従い、さらにそのあとにハプスブルク家の人々、ヨーロッパの王族たちが続く。喪服をスマートに着こなした若い王子や王女たちが優雅である。彼らは毎日どんな生活をしているのであろう？　どんな教育を受けているのであろう？

午後六時に行列は皇帝廟前に到着、そこにも巨大スクリーンが設けられている。式典長が扉を杖のようなもので叩き「オーストリア大公、オットー・ハプスブルクである」と言うと、中から「そんなものは知らない」という答えがある。そこで、式典長がオットーの有する夥しい称号を次々に並べるが、そのたびに答えは同じである。そして、最後に「哀れな罪人です」と唱えると、やっと「それなら、入れ」と扉が開くのだ。この様子は、ルドルフ・ユーゲルト監督の映画『晩鐘』の最初のシーンに取り上げられ、すでによく知っていた。

全体として、やや時代錯誤の「お祭り騒ぎ」という域を出なかったように思う。このような古色蒼然とした大々的な葬儀はこれが最後であり、息子カールの場合、国葬に準じたこのような葬儀が執り行われることはまずあるまい。ふと見ると、皇帝廟が面するノイエマルクトを囲んで設けられた鉄の柵に小さな広告が掲げられていた。

オットー・ハプスブルクの葬儀には涙一滴も税金一滴も費やしてはならない。

ウィリアム＝パトリック・ヒトラー

時計の針を約七十年戻すと、きわめて興味深いことに、ちょうどツィタがアメリカで講演活動をしていたころ、ヒトラーの異母兄であるアロイス（Jr.）の息子ウィリアム＝パトリックもまた、アメリカ各地でヒトラーの甥という触れ込みで講演旅行し荒稼ぎしていた（この辺りの事実は、全面的にW・シュトラールの『アドルフ・ヒトラーの一族』〈畔上司訳、草思社〉による）。彼はまず叔父のヒトラーに権力者の甥としての「おこぼれ」をもらおうと近づこうとしたが拒否され、アメリカに渡った。そして、彼もまたローズヴェルトに手紙を書き、アメリカ政府によるヒトラーの心理分析に協力し、さらに駄目押しとしては、アメリカ海軍に入って、ヒトラーのドイツ軍と戦い（実際に戦闘に加わったかどうかは不明であるが）、表彰までされたのである。

その低劣な品性には、父親のアロイス・ヒトラー（Jr.）というモデルがある。（偏見にまみれていることは承知のうえで書き続けると）ヒトラーの異母兄であるアロイス（Jr.）は腰の据わらぬいいかげんな男で、若いときウエイターをして二度も盗みで捕まり懲役刑を受けている。その後結婚したが、やがて妻のもとを去り職業を転々とし、他の女と結婚し重婚罪で逮捕されている。その後、ヒトラーの兄という大々的宣伝でベルリンに料理屋を開店したが、そこにはナチスの将校たちも足繁く通い、大盛況であった。ヒトラーは、それを知っていたが、完全に黙殺し、もちろん一度も足を運ばなかったという。ヒトラーは親子しての「小さな卑劣さ」にひどく苛立ったことであろう。

さて、息子のウィリアム＝パトリック・ヒトラーは、どうした気の迷いか自分の長男をアドルフと名づけた。パトリック・ヒトラーは一九八七年に死んだが、いまアメリカに住んでいるアドルフ・ヒトラーは私より三歳年下である。

第五章　国立歌劇場

リンクとケルントナー通りが交差する角にある国立歌劇場

リンクとケルントナー通りが交差する角に、壮麗な国立歌劇場が聳えている。この歌劇場は一八六九年に完成したが、皇帝フランツ＝ヨーゼフがこれを一目見て一階部分が低すぎる建物を「沈んだ箱」(versunkene Kiste) と評したために、二人の設計者のうちニュルは自殺し、もう一人のシカーズブルクも病に陥りやがて亡くなったことは有名な話である。

現在のものは、第二次世界大戦終了後、ほとんど壊滅状態であったウィーンの復興の象徴として、一九五五年にもろもろの建物に先駆けて復興したものであるが、よくよく眺めると確かに一階部分が低すぎる感もあるが、全体として堂々たる姿を見せている。

私は(先に述べたように)一九七九年十月二日に、ウィーン大学留学のためウィーンに到着したが、その二度目のウィーン滞在ではじめて国立歌劇場を訪れた。到着から一ヶ月半後(十一月十四日)には『セビリアの理髪師』を、そしてその三日後(十七日)には『トスカ』を鑑賞している。

『セビリアの理髪師』の前奏曲が歌劇場いっぱいに流れたとき、私は大好きなその曲を「ナマで」聴けることに心臓がことこと音を立てて鳴るほど感動していた。あたかも奇跡が生じたように……。両演目とも全曲のアルバムを持っていて、ほとんど暗記していた。だから、ああの曲はこういう場面に流れるのだ、このアリアはこういう場面に歌われるのだと、目覚めてから夢を確認するように次々に空想の情景が現実に姿を変え、眼前で魔法が起こっているかのようであった。

オーストリアの国民的指揮者カール・ベームの最晩年であって（彼は晩年コーベンツル通りの私の家から徒歩十分の所に住んでいた、ちなみにその隣は数理哲学者のゲーデルの住居であった）、彼が場内に入っただけで、何もしていないのに拍手とブラボーが十分間も鳴り止むことはなかった（演目はモーツァルトの『コシ・ファン・トゥッテ』だったと思う）。後にロリン・マゼールが国立歌劇場の総監督になり、ソプラノのグンドラ・ヤノヴィッツやルチア・ポップやエディタ・グルベローバの全盛期を迎えた。バレエに眼を転じれば、ヌレエフが盛りを過ぎた演技を披露し、グラン・パ・ド・ドゥでは充分高くジャンプしていないなと思った。

私費留学生の分際で、私はほとんど椅子席（Sitzplatz）の券を買っていたが、多くの学生は立ち見席（Stehplatz）の券を買っていた。私は歌劇場通いに慣れてくると、ガレリーザイテ（Galerie Seite）と呼ばれる三階席の（正面ではなく）左右の傍らの席の券を買うことが多かった。値段に比し舞台の全体がやや遠いながらよく展望できるからである。それは（演目によって違うが）大体二百シリング（三千円）くらいであった。それでも、大学で学生たちにその券を見せると「わあ、金持ち！」という賛嘆の声が上がった。

日本人の常識とは大きく異なっているが、国立歌劇場には、舞台がほとんど見えない席が少なくない。ガレリーガンツザイテ（Galerie Ganzseite）、ガレリーザイテのさらに外側の席、両袖の席であるが、歌劇場全体がすり鉢状の構造のため、身を乗り出してやっと舞台の三分の一が見える程度である。背を伸ばしてゆったり座っていると、壮大な丸天井しか見えない。それでも、そうした姿勢のまま鑑賞している多くの人がいる。

ドイツ語では、オペラを「観る（sehen）」とは言わず「聴く（hören）」と言う。その席の券を選んだ人々は、安い値段でモーツァルトを聴きにきたのである。さらに、ゾイレンプラッツ（Säulenplatz）と呼ばれるが、柱の陰で舞台がほとんど見えない七十シリング（千円くらい）の安価な席も少なくない。

立ち見席のルール

しかし、オペラが大好きな若い人々にとっては、それでも高価なのである。立ち見席はパルテール（Parterre）と呼ばれる平土間席の奥、バルコン（Balkon）と呼ばれる二階席の奥と両側、それにガレリーの奥と両側に設置されている。私の留学時代は十シリング（百五十円）であって、（確認したわけではないが）音楽大学の学生なら、一シリング（十五円）で購入できるという話を聞いたことがある。

超大物歌手が登場するさいは、立ち見席券は特別の売り方をする。まず希望者は予約

国立歌劇場の内部

券を手に入れると、そこには次に一週間後の朝七時に並べと書いてあり、それに並んで窓口に達すると、今度は三日後の午後十一時に並べと書いてある。それに並んでまた窓口に達すると、今度は明日の朝六時に並べと書いてある……、という具合に数々の関門を突破して何回目かの窓口でやっとお目当てのチケットを得ることができる。私は一度だけ試みた。それは、ヴェルディの『ドン・カルロ』であり、いまをときめくプラシード・ドミンゴ主演だった。

普通の場合これほどの労力を払うことはないとしても、格安券にはそれなりのことはある。まず、開演の一時間前（とくに人気のある演目の場合は二時間前！）に、歌劇場裏の特定の窓口の前に並ばねばならない。それだけでもくたびれるが、開場時間になり、人々は――深夜の郊外の駅で、乗客たちがバスの出たあとタクシー乗り場に突進するように――立ち見席用の特定の階段を通って「よい席」を取るために劇場内になだれ込む。バルコンやガレリーの場合は、長い裏階段を一気に駆け上がるのだ。

さて、やっと赤い柵の外側、壁際の立ち見席に到着したが、その一列目が取れることは稀で、二重にも三重にも人垣ができる。そして、幕の開いているあいだずっと立ち続ける。一列目の観客のみが手すりに身体を凭《もた》せられるが、それ以外の人々はつかまるものとてない。くたびれ果てて、そこに座り込んで聴いている人もいる。

休憩時間になると、後ろの人に「席」を取られると大変だから、そこに自分のハンカチなどを巻きつけておく。各階に設けられたビュッフェでは着飾った紳士淑女たちがシャンパンやワインのグラスを傾け、スナックを頬張っている。とくに、バルコンの両側には壮麗なロビーがあって、そこをスモーキング（タキシード）の男とロングドレスの女が一様に腕を組んでフォークダンスのように一定方向に行進する光景は見ものであった（が、いまは消滅した）。休憩時間になっても、立ち見席の客たちはこうした華々しい場所には姿を現さない。シャンパン一杯が立ち見席券の値段の十倍であるから、ジーンズにシャツだけの彼らはそこには近寄らない。暗闇の中で壁にもたれかかったりしゃがみ込んだりして、ひたすら疲れをとるだけなのだ。

こうして、壮絶な闘いと疲労を代償にして百円ちょっとで超一流の音楽と華麗な舞台を楽しむことができる、というわけである。だが、名場面で「ブラボー」の声が上がるのは、立ち見席からなのだ。歌舞伎と同じく、こうした劣悪な席にいる若者たちが、最大のオペラファンなのかもしれない。

ヒトラーのオペラ鑑賞法

さて、ヒトラーであるが、前に述べたように、唯一の親友クビツェクがリンツからウィーンに到着したその日に、国立歌劇場（当時は宮廷歌劇場と称したが）の中まで案内している。

すでに述べたように、その後九ヶ月足らずで、ヒトラーはシュトゥンペル通りから「蒸発」してしまい、ついには浮浪者収容所まで落ちた後に独身者施設に入った。それでも、ヒトラーは歌劇場通いをやめなかった。そこで知り合った友人ホイスラーは、ヒトラーと頻繁に宮廷歌劇場に通ったことを証言している。

クビツェクとともに行ったときからホイスラーを従えて行ったときまでのあいだ、ひとりで歌劇場に何度も通ったと推測されるが、いかなる証言も証拠もないのでわからない。

ヒトラーのウィーン滞在の大半を占めるメルデマン通り二十七番地の独身者施設時代のことは後に詳述するとして、ここではクビツェクとの歌劇鑑賞の様子を垣間見ることにしよう。ふたりはまず、立ち見席を確保するために開演二時間前から劇場前に並ぶ。そこに駆け上がるときの戦闘的光景もいまと同じである。

列に並ぶことから解放されると、そこからみな用意ドンで走り出す。この競走では、急な曲がり角で、つるつるの石が敷き詰められている床に滑って、カーブするとき撥ね飛ばされる人もいた。（『アドルフ・ヒトラーの青春』）

ヒトラーは忍耐強かった。ワグナーの恐ろしく長い楽劇をずっと立ったままで鑑賞した。しかも、そのあいだ水を飲むだけで何も食べずにいたという。さらに、夜十時には下宿先の鍵が閉められるので、管理人にチップを渡す金を節約するために最後の部分を観ずに全速力で帰ったとか、あるいは上着をクローク（Garderobe）に預けるお金を浮かせるために真冬でもコートを着ないで行ったとか、クビツェクは証言している。悲壮なほどの「オペラ鑑賞」である。それにしても、リンツの田舎歌劇場とはなんという違いであろう！　すべてがなんと絢爛豪華なのであろう！

お供をクビツェクからホイスラーに変えた後にも、市の北東部、ドナウ運河の彼方に位置するメルデマン通りの独身者施設への帰り道、ずっと彼は興奮冷めやらず取り憑かれたように語り続け、独身者施設に着いてもえんえんと二時間もしゃべり続けるのであった。

こうして、ヒトラーの歌劇場通いに費やす時間は、一回につき七〜八時間にも及ぶものであった。彼には、自分の感動を伝える誰かが必要なのだ。クビツェクは、——さすがにヒトラーが見込んだだけあって——「聞き役」としての自分の立場を自覚していた。だが、ホイスラーはこの暴君に耐えられず、ついに歌劇場へのお供を放棄したとのことである。

ワグナー崇拝

クビツェクによると、ヒトラーはワグナーの遺稿（らしい）『鍛冶屋ヴィーラント』を発展させたものを自ら創作しようとした。その過程でのクビツェクとの激しい論争を彼は長々と記しているが、音楽院に通う秀才から見ると、結局は箸にも棒にもかからない代物であったと断定している。次の指摘は辛辣である。

アドルフはいつも多かれ少なかれ普通の考えによらずに自分の計画や企画や構想を進めてきた。そのことには私もずっと前から慣れていた。しかし、今回は私の専門分野である音楽に関することであるから、そのままおいそれとは付いていかなかった。彼の音楽的天分を完全に認めたとしても、彼は音楽家ではなかったし、一つの楽器も弾けなかった。そもそも音楽理論について彼は何の知識もなかった。では、どうやって彼はオペラを作曲するのであろう?（同書）

それにしても、ヒトラーのワグナー崇拝はリンツの歌劇場で十二歳のときに『ローエングリン』を聴いて以来、独裁者としてバイロイトの祝祭を取り仕切るまで、生涯変わることはない。

ニーチェは若いころワグナーに心酔したが、ワグナーがバイロイト祝祭劇場を建設し、権力者ルートヴィヒ二世に近づいていくうちに、その俗物性を全身で嫌悪するようになった。だが、――興味深いことに――ヒトラーはこうした俗物性の権化であるワグナーにぞっこんだったのである。

その後、ヒトラーが権力を掌握すると、ワグナーの息子の妻ヴィニフレッドがヒトラーに近づいていく。そして、ニーチェの妹エリーザベトも、ヒトラーに擦り寄って莫大な資金を得て、ワイマールにゲーテと並ぶニーチェの記念堂を建てる。こうして、ヒトラーはゲーテやニーチェ、いやワグナーの「思想」すら理解したとは思えないのだが、現実感覚あふれる女たちを媒介にして、いつしかワイマールとバイロイトを結ぶドイツ文化の守護神の位置に立ってしまったのである。

音楽以外に、ヒトラーが当時の芸術にどのくらい立ち入った知識をもっていたかの判断は難しい。ひとことで言うと、彼は当時のウィーンに漂っていた芸術の新しい動きにはまったく無関心であった。音楽でも、ワグナー以外にまったく興味を示していない。ヒトラーがウィーンに着く二ヶ月前に、マーラーは十年に及ぶ宮廷歌劇場総監督の地位を辞している。よってクビツェクが「〔ヒトラーは〕マーラーの指揮に最大の賛辞を送った」と書いているのは間違いであろう。

なお、二〇一一年はマーラー没後百年であって、さまざまな出版物が刊行され、企画が催された。マーラーの葬儀はコーベンツル通りの私の家から徒歩十分ほどのところにあるグリンツィング教会で挙行され、そこから約二百メートルほど離れたグリンツィング墓地に葬られた。先日初めてそこを訪れたが、苔むした地味な墓石にようやく„Gustav Mahler“の文字が読み取れる。妻アルマ・マーラーの手になる伝記『グスタフ・マーラー——愛と苦悩の回想』（石井宏訳、中公文庫）によると、マーラーは妻の母親に、墓石にはただ名前だけを書いてくれと頼み、「ぼくの墓を訪ねてくれるほどの人なら、ぼくが何者かはわかっているでしょう。そのほかの人には用はありません」と語ったそうである。

なお、グリンツィング教会から二十メートルと離れていない所に（先に述べた）指揮者カール・ベームの晩年の住居がある。ベートーベンがグリルパルツァーと同居し喧嘩別れした住居はそこからバスで五分くらいの所にあり、そのそばにはアインシュタインが一時住んでいた家もあり、両方ともバスの車窓からよく見える。

さて、ヒトラーであるが、彼にとって作曲家としてのマーラーは（ワグナーの直系であるはずだが）どうでもよく、当時大人気のリヒャルト・シュトラウスにも眼もくれなかった。ワグナーがすべてであり、クビツェクとともに（四ヶ月間で）ヒトラーの一番好きな『ローエングリン』だけでも十回は宮廷歌劇場で聴いたそうだ。クビツェクは、そんなヒトラーのワグナー崇拝をうまく表現している。

彼の場合ワグナーを聴くということは、普通の人が劇場に通うということを意味するのではなく、彼はリヒャルト・ワグナーを聴くことによって陥るあの異様とも言える興奮状態に身を置き、あの自己忘却へ、あの神秘的な夢の国へと漂浪するのであり、彼の爆発的気性の凄まじい緊張に耐えるためには、そうしたことが必要だったのである。（前掲書）

ヒトラーにとってのウィーン世紀末

音楽から絵画に眼を転じると、ハンス・マカルトの華麗なスタイルが一世を風靡した後、クリムトを中心とする分離派がアカデミーに対立して旗揚げをし、建築でも、オットー・ワグナーやアドルフ・ロースなどが斬新なデザインを駆使したあるいは装飾のまったくない建築を披露して耳目を驚かせていた。「ウィーン工房」がアール・ヌーボーを中心とするシックな家具や食器や工芸品を次々に製作していたのもこの時期である。いま、われわれが「ウィーン世紀末」と称して評価しているさまざまな分野の芸術運動に対して、青年ヒトラーはわずかの関心も示していない。というより、彼はいま自分の住んでいるウィーンでいかなる精神の革命が起こっているのか、まったく知らなかった。

ウィーン世紀末の輝きは、哲学・文学・物理学・法学・経済学・精神医学など諸学問それに音楽・絵画・工芸・建築などあらゆる芸術が一体となったものである。しかも、それぞれの分野の人間関係は驚くほど緊密なものであった。

すなわち、アントン・ブルックナーがルートヴィッヒ・ボルツマンにピアノのレッスンをしていたこと、グスタフ・マーラーがフロイト博士のところへよく心理学の問題をもっていったこと、ブロイアーがブレンターノのかかりつけの医者であったこと、また、青年フロイトが青年ヴィクトル・アドラーと決闘したこと〔中略〕要するに、後期ハプスブルク朝のウィーンでは、この町の文化的指導者の誰もが、何の困難もなしに互いに知り合うことができたのであり、活動した分野が、芸術、思想それに公務とまったく異なっていたにもかかわらず、彼らの多くは、実際親しい友人であった。(『ウィトゲンシュタインのウィーン』S・トゥールミン／A・ジャニク、藤村龍雄訳、TBSブリタニカ)

そればかりではない。フロイトはブレンターノの講義に出ていたし、フロイトとシュニッツラーは親友であった。富豪ヴィトゲンシュタイン家にはブラームスなどの一流音楽家が招かれ、建築家アドルフ・ロースはヴィトゲンシュタインの知人であり、クリムトはヴィトゲンシュタインの姉妹をモデルにした有名な油絵を描いている。マーラーの妻であったアルマは、一時クリムトやココシュカの恋人であった。

だが、ウィーン時代を通じて完全な「場外」にいたヒトラーは、こうした学問芸術の新しい運動を知る由もなかった。アカデミーに代表される旧来の権威に対抗して次々に斬新な試みを打ち出していた若い天分溢れる芸術家たちは、リンクに沿って聳え立つ時代錯誤的建築群に対して冷たい視線を注いでいた。

リンクシュトラーセの建物は、議事堂と歌劇場を除けば、建築史に残るものとは言いがたい。教会のそこここに置かれた聖遺物櫃をモデルにし、それを大きくするというのが基本発想の一つであった。しかし聖遺物櫃の精妙な美しさは、大建築に拡大すれば、間延びがする。建築にあたっては当時の有産階級の好みも考慮された。ところが、彼らはいまだかつて自分たち独自の建築様式を創り出した経験のない人たちであった。(『ウィーン精神』(1) W・M・ジョンストン、井上修一他訳、みすず書房)

それに対して、造形美術アカデミーに合格することを至上命令とし、リンクを縁飾りのように彩る大仰で時代遅れの建築群に手放しで感動するヒトラーは、いかにも田舎者である。

第六章　ウィーン大学

ウィーン大学（本館）

都の西北

リンクの西北の角、(二倍ほど拡大してあえて東京に重ね合わせれば) ほぼ新宿に当たるところにショッテントアがあり、これはリンクの建設前は市門であった。そこは、ウィーン北部から西部にかけて広がる住宅地へ向かう数々の市電の路線のターミナルであり、その辺りは典型的な中産階級が住んでいるという点でも新宿に似ている。あえて比較を続ければ、規模はまるで異なるが、世田谷区や杉並区といった住宅地に向かう (だから東京の場合は西南部となるが) 小田急線、京王線、中央線のターミナルとしての新宿というイメージに近い。そこからは、甲州街道に当たる (?) ヴェーリンガー通りが北西に延びていて、突き当たりにウィーンを取り囲む丘陵地帯がかすんで見える。

ヴェーリンガー通りとそのすぐ西のウニヴェルズィテーツ通り (大学通り) がリンクにぶつかる三角地帯には、華麗なネオゴシック様式のフォティーフ教会が聳えていて、その左手のネオルネッサンス様式の壮大な建物がウィーン大学本館である。ウィーン大学は、ドイツ語圏ではプラハのカレル大学に次ぐ歴史を誇っており (一三六五年創立)、もともとはリンクの内側の旧市街にあったが、リンクの建設とともにこの地に移転した (一八八四年完成)。

ショッテントア駅の地下ターミナルから市電の四十一番に乗り込むと三つ目が国民歌

劇場（Volksoper）であり、そこでギュルテルに突き当たる（ギュルテルとは、ウィーン新市街を囲む環状通りであって、東京に重ね合わせるとおおよそ外堀通りの内側、そして、リンクは旧市街を囲む環状通りであって、おおよそ皇居の内側に当たる）。さらにそこからヴェーリンガー通りを北西に進むと、三つ目の停留所がアウマン広場であり、それに面するバロック様式の壮麗な建物の三階に私は下宿していた。

わが国民の多くは英米の大学しか知らないが、ヨーロッパ大陸の大学は英米の大学とはまるで異なっている。ウィーン大学の場合、まず、大学を外界から区切るキャンパスというものがない。大学の建物が企業や商店、あるいは個人の住宅その他の建物の中に混在していて、漠然と大学地帯を形成しているのだ。

現在のウィーン大学はショッテントア駅を出てすぐ眼の前に聳える本館以外にも、さまざまな場所に点在している。本館の裏手に、一つ建物を隔てて研究棟がある。そこに、さまざまな人文社会科学系の研究室（Institut）が入っていて、哲学研究室は二階と三階の広い部分を占める。日本科（Japanologie）は昔その上のほうの階の隅っこにあったが、十数年ほど前に他の語学系の研究室とともにアルザー通りとシュピタル通り（病院通り）の交差する角に位置する旧ＡＫＨ（ウィーン大学付属病院）の跡地に移った。

その他にも、ショッテントアから国民歌劇場の方向にヴェーリンガー通りを上っていくと、両側の古めかしい建物の中に物理学とか解剖学など理科系の研究棟が並んでいる。

こうして、大学本館の裏手一帯がウィーン大学と言っていいであろう。

ヨーロッパの大学制度

ヨーロッパ大陸の大学は、建物ばかりでなくその内容も英米とは異なっている。少なくとも私が留学していた一九八〇年代までは、ウィーン大学には大学院もなく、よって修士課程も博士課程もなかった。よって、大学院以前の「学部（undergraduate course）」という段階もないわけである。少なくとも「哲学」のような古典的な学問において、あるのは博士だけ。そこを卒業すればそのまま哲学博士というわけである（その後段階的に英米の大学に似た大学院制度を導入しているらしいが、煩瑣なのでそれについてはここでは触れない）。

また、授業料も格段に安く、私の留学していたころは、年間三千シリング（当時のレートで約五万円）であったが、それもアジア・アフリカからの学生には免除されていた。その後、この小額の授業料さえ無料になった。

ウィーン大学は（当時）カトリック神学部、プロテスタント神学部、基礎総合学部（この中に哲学科がある）、理学部、法学部、医学部、外国語学部という七学部から成り、学生数は六万人とも言われていた。それは、大学近くの書店で売り出されている講義録の販売部数であって、聴講者数であると言っていい。

日本の大学と大幅に異なるのは、そのうち卒業を目指す者が圧倒的に少ないことである。いくつかの講義を聴講するだけの者、自分の目指す職業に必要な科目だけを取る者とは別に、卒業して博士の学位取得を目指す者はこの一割くらいであろうか？　そして、その年数も八学期（四年）以上在籍することが要件であって、上限はない。よって、軍隊に入ったり、外国に行ったり、他の仕事をしたりして、三十年かけてドクターを取ってもいいわけである。

講義数はべらぼうに多く、哲学関係だけで百コマ以上あり、医学部に至ってはじつに千二百コマ以上ある。そして、講義時間もまちまちで、朝の八時から夜九時まで教授の好きな時間に開講しており、とくに昼休みはなく、ちょうど正午前後に開講する教授もいる。

入試制度であるが、ヒトラーが造形美術アカデミーを受験し二度も失敗したことは前に（第三章で）述べたが、ウィーン大学には（医学部など特別の場合を除き）ギムナジウム（あるいはそれに相当する高等学校）を卒業し「マトゥーラ（Matura）」と呼ばれる全国一律試験に合格すれば、ほぼ自動的に入学できる。

よって、ヒトラーの苦労に比べれば、私の場合も、ウィーン大学入学手続きは驚くほど簡単なものであった。すでに日本で修士課程を終えていたのだから当然とも言えるが、一九七九年十一月に行なわれた入学試験といえば、入学に必要な書類をぱらぱらめくりながらの五分間の面接試験だけであった。

さらに、大学時代のドイツ語の単位数も多かったので、すべての非ドイツ語圏から来た正規学生に入学時に課せられるドイツ語試験も免除された。だから、私は最低四年大学に在籍し、ラテン語の資格試験に合格し、副専攻を一つ取るだけで（後にこれも必要ないことがわかった）、あとはドクター論文を書いてそれが合格すれば卒業できる（博士の称号を獲得できる）のであった。

ウィーン大学食堂

話をヒトラーに戻そう。同じ下宿に住んでいた友人のクビツェクが音楽院に受かった後にも、ヒトラーはその前年に造形美術アカデミー受験に失敗したことを友に打ち明けなかった。それにうすうす気づきながらもクビツェクは、――意地悪なことに――音楽院の学生はウィーン大学の講義を聴くことができるとか、食堂も使えるとかいって、さまざまなかたちでヒトラーをウィーン大学へと誘った。こうした特典はたぶん造形美術アカデミーの学生にもあったはずだから、ヒトラーは友の提案を辛い気持ちで受け止めたことであろう。

だが、クビツェクの証言によると、ヒトラーはついにしぶしぶ（？）ウィーン大学食堂に足を運んだ。私の知る限り、大学本館には食堂に当たるものは大講義室と廊下を隔てた薄汚いカフェしかないので、そこであろうか？

私は大学の聴講生として学生食堂で食べることができた。当時はまだ古い学生食堂で、ドイツ学校連盟によって設立されたドイツ人用のメンサ〔学生食堂〕はまだなかった！　私はアドルフの分も安い食券を購入できた。彼も最終的には私と一緒にそこに入っていった。私は彼がケーキ類がどんなに好きか知っていた。そこで、肉料理に加えてプディング券も購入した。彼が空腹であることはその顔から見て取れたので、私は彼が喜んで食べると思った。しかし、彼は反抗的な顔でそれを無理に呑み込んだのであった。（『アドルフ・ヒトラーの青春』）

なぜなら、そこにはユダヤ人のみならずオーストリア帝国内のさまざまな民族の学生がいたからである。ちなみに、ユダヤ人は全ウィーンの人口二百万人のうち八・八パーセントを占めていたにすぎないのに、当時のウィーン大学の学生のうち二七・五パーセントがユダヤ人であった。

それはともかく、ヒトラーがプディングを潔く拒絶しないで「無理に呑み込んだ」ことともかわいらしいが、次の逸話は彼の「いじけたかわいらしさ」がさらによく出ている。

より厳密に言うと、どこまでも一貫性を通すことができたのに、彼は空腹に勝てないことがあった。私の隣の席でメンサの隅っこにからだを押し付けるようにして他の者たちに背を向けながら大好きな胡桃パイをがつがつ頬ばっていた。(同書)

ヒトラーの食生活

下宿は自炊のできる環境ではなく、ふたりは何か外で買ってくるか、外食せざるをえなかったようだが、——不思議なことに——四ヶ月も一緒に暮らしながら、クビツェクはヒトラーがどこで食事をしているかさえ知らないのである。

彼がどこで昼食をとっているのか、長いあいだ私はわからなかった。私が質問しても、答えはそっけなく拒否された。……私は時々午後に時間があったので、昼食のあとすぐに下宿に戻ることがあった。だが、この時間でも下宿でアドルフには会わなかった。もしかしたら彼は、私も時々昼食をとっていたリーニエン通りの大衆食堂を利用していたのかもしれない。(同書)

だが、クビツェクは一度もそこでヒトラーを見かけたことがなかったという。さらにクビツェクは、ヒトラーは何日も牛乳とパンとバターだけで暮らすことができたと証言している。ヒトラーという人間について考察するうえで、このことはきわめて重要であるように思われる。

食生活はその人を如実に表している。また脱線するが、私は人類の食べるもののうち八割が食べられない完全な「偏食人間」である。私の母は栄養士になることを夢見たほど料理が得意で、私は子供のころからいろいろ趣向を凝らした母の手料理を食べてきた。それでも、家族でひとりだけ偏食がひどかった。牛、豚、鶏をはじめあらゆる肉を受け付けず、動物性蛋白質でも魚なら食べられるが、それでも鮨屋のネタの半分以上、さらにウナギもドジョウもナマコもアンコウもシラスも食べられない。なぜか韓国料理は全部ダメであり、異国の郷土料理はすべて尻込みし、新しい食材にはいっさい手をつけない。こうして私の食生活はきわめて貧しく、何であれ食べられる枠内にあれば粗食で構わないのである。

ヒトラーも極貧の家庭に育ったわけではないが、ウィーン時代にきわめて質素な食事に耐えられる性格を獲得し、こうした食事に関する無関心は――独裁者には珍しく――生涯続いた。また、ウィーン時代に、タバコを吸わなければバターが買えることを悟り、完全にタバコもやめている。

もしあのとき禁煙していなければ、私はこの心労続きの生活にこんなに長いあいだ耐えられなかったに違いない。ドイツ国民にとって、今日の日があるのは、私の禁煙という些細な決断のおかげなのかもしれないぞ。〈一九四二年三月十一日〉(『ヒトラーのテーブル・トーク』A・ヒトラー、吉田八岑監訳、三交社)

これに続く話は、さらに興味深い。

多くの知人がタバコの吸い過ぎが原因で死んだ。第一に父だ。(同書)

ヒトラーが、タバコをやめた原因の一つとして父の影がある。ヒトラーが酒をほとんど飲まなかった原因にも大酒飲みの父の影がある。そして、ヒトラーが極端に性的に潔癖であったのも、性的に放縦であった父の影がある。

社会の最底辺からのし上がって税関官吏にまで到達した父は、物欲、権力欲、性欲、飲酒欲などをストレートに追求する男であった。その子、ヒトラーは父を反面教師のように見つめて、自分のうちにうごめく欲望を必死に押し殺そうとしたのではないだろうか? とにかく、ヒトラーは後には完全に菜食主義者になったのである。

最近、私は肉食をやめた。するとすぐに汗の量がぐっと減った。二週間もすると、ほとんど汗をかかなくなってしまった。のどの渇きもあまり感じなくなり、時々ほんの少し水を飲めば、それで十分となったのだ。とにかく、菜食というのは明らかに利点が多いようだ。〈一九四二年七月八日〉（同書）

異様なほどの潔癖症

ヒトラーの性格を一言で表せば、異様なほどの「潔癖症」である。これは、異様なほどの病気に対する恐れ、すなわち異様なほどの健康志向という形をとる（このことについては『健康帝国ナチス』〈R・N・プロクター、宮崎尊訳、草思社〉に詳しい）。しかも、肉体の病気と精神の病気（道徳の病気）とはぴったり一致しているのであるから、ここに彼特有の「反ユダヤ主義」が成立する。ユダヤ人、それはわれわれの健康なからだに寄生する恐ろしい病原菌なのである。

「ユダヤ菌」の発見は世界の一大革命だ。こんにちわれわれが戦っている戦争は、じつは前世紀のパスツールやコッホの戦いと同種のものなのだ。一体どれほどの病気がユダヤ菌によって引き起こされていることやら。〔中略〕ユダヤ人を排除すれば、われわれは健康を取り戻せる。〈一九四二年二月二十二日〉(『ヒトラーのテーブル・トーク』)

ホロコーストにおけるガス室も(発案者はヘスと言われているが)、銃殺による苦しみやそこに流れる大量な血を目撃したくないという理由があるという。ユダヤ人を絶滅させたい! だが、その血は見たくない! 前に(第二章で)ヒトラーが性的光景を目にするのを嫌悪したと語ったが、あれほど残虐であるのに、残酷な光景を見るのを避けた。彼は自分の暗殺計画の容疑者たちに対しては「なるべく残虐な殺し方」をするように命じながら、そこに居合わせなかった。アウシュヴィッツにも一度も足を運ばなかったようである。

アウシュヴィッツに行くと、近代的な工場のように奇妙なほど清潔な印象を受ける。いかに、能率よくユダヤ人を抹殺するか研究を重ねたうえでの成果の集大成であり、ヒトラーの思想というより「感受性」の現われと言ってよいのではないか。

カール・ルエガー博士リンク

話が逸れていったので戻ろう。ヒトラーとウィーン大学との縁は薄いようだが、見ようによってはそうでもない。リンクには、適当な角と角とを結ぶ一辺に名前がついており、ウィーン大学の面するリンクは「カール・ルエガー博士リンク」といういかめしい名称である。カール・ルエガーとは、ヒトラーがウィーンに滞在したころのウィーン市長であり、皇帝フランツ＝ヨーゼフをしのぐほどの絶大な人気があった。

カール・ルエガーはウィーン工科大学の用務員の子として生まれながら、刻苦精励ウィーン大学法学部を卒業して国会議員になり、やがてウィーン市長にまで上りつめた。敬虔なカトリック教徒であり、生涯独身を通し „schöner Karl（美しいカール）" と呼ばれるほどの美男であった。写真で見ると、優男とは対極的な彫りの深い男らしい風貌である。

彼は、古色蒼然としたウィーンを近代都市に変貌させた。映画『第三の男』で有名な壮大な下水道は一八六〇年代にすでに完成されていたが、さらに全市にガスを行き渡らせ、さらには電気を供給し、街路には明るいガス灯が輝き、乗合馬車は市電に変わった。ヒトラーもご厄介になった貧民救済施設の建設にも積極的で、その支持層は彼自身の出身階級である手工業者や商人あるいは未熟練労働者から成る下層（旧）中産階級であり、禁欲的なつつましい生活を続け、熱心に教会に通い、どこまでも実直でまじめな保守的なカトリック教徒であった。そして、こうした実直な人々が最も過激な反ユダヤ主義者であったことを忘れてはならない。

彼は、キリスト教社会党を率いてまず国会に進出し、そこでもユダヤ人を攻撃して憚らなかった。「ユダヤ人が誰であるかは私が決める」とは、彼の有名な台詞である。しかし、ウィーン市長選に打って出るころから、その過激な姿勢を改めた。当時のウィーン市長は市民によって直接選ばれるが、最終的には皇帝が承認することが条件であった。ユダヤ人はじめ多民族から成っているハプスブルク帝国を維持するにはこうした露骨な反ユダヤ主義の主張は好ましくないとして、フランツ＝ヨーゼフは三度も彼の承認を拒否した。そして、四度目にやっと承認したのである。

シェーネラーと汎ドイツ主義運動

こうしたカール・ルエガーの姿勢を、ヒトラーはとりわけ高く評価している。そして、これほどの老獪な戦略家であればこそ、彼がもう一人のさらに過激な反ユダヤ主義者であり「汎ドイツ主義運動」を率いていたゲオルク・フォン・シェーネラーを凌駕したのだと分析している。

このあたりのことは多くの政治学者や歴史学者によって仔細に研究されているので、ここでは簡単に触れるに留めよう。ヒトラーの言葉をそのまま信じると、彼は初め工事現場の臨時雇いの仕事を通じて社会民主党に入党したが、すぐにその「利己主義と憎悪から成り立っている」（『わが闘争』）だけの教説に嫌悪を覚え、シェーネラーの汎ドイツ主義運動に近づいていった。そして、最終的にはそれを振り捨ててカール・ルエガーのキリスト教社会党に近づいていったのである。

シェーネラーの汎ドイツ主義運動はヒトラーのウィーン滞在中目に見えて弱体化していった。その敗因は、ヒトラーによると、ウィーンにおける指導宗教であるカトリックを敵に回したことであり、ブルジョア階級だけに支持基盤を有していたことである。こうした条件のもとでは、たとえ勢力を議会に送り込んだとしても、穏健な議論に終始せざるをえない。数を得るためには、大衆に直接訴えることが必要なのだ。それには、個々の政策よりむしろカール・ルエガーのような大衆を惹きつけるカリスマ性こそ要求されているのだ（これを、後にヒトラーは恐ろしいほどうまく自らのうちに採り入れた）。

なお、シェーネラーはヒトラー一族の郷里であるヴァルトフィアテル（直訳すれば「森林地区」）を管理していた大実業家の出で、ヒトラーの父と居酒屋で一緒に政治談議をした可能性もあると言われている。ウィーン時代のヒトラーはシェーネラーの汎ドイツ主義運動に対しては一貫して批判的であり、その崩壊の原因を細かく分析している。

こうしたことから、ヴァルトフィアテルの同郷人の名士に対するヒトラーの特別の思い入れはなさそうである。ただし、シェーネラーがみんなから「ヒューラー（Führer総統）」と呼ばれており、「ハイル（Heil!）」という挨拶を受けていたことは偶然ではないであろう。

第二の父カール・ルエガー？

（先に述べた）ヒトラーの異様なほどの潔癖症も、対極に彼の父アロイス・ヒトラーを置いてみると少なからぬヒントが浮かんでくる。幼いヒトラーは、毎晩のように居酒屋で飲んだくれている父を迎えにやらされたという。前妻の子アロイス（Jr.）とともにしばしば父から失神するほど殴られたという。アロイス（Jr.）は父と同じく十三歳で文字通り家出する。ヒトラーの場合、家を出たのは父の死後であるが、それでもウィーンに旅立つときの心境を十七歳の少年は次のような高揚した口吻で語っている。

五十年前に父が果たしたものを、私もまた運命から勝ち取ろうと望んだ。私もまた「何者」かになろうとした。（『わが闘争』）

そして、造形美術アカデミーの受験に二度までも失敗するという予想外の試練に打ちのめされていたころ、ヒトラーはカール・ルエガーに出会ったのだ。ヒトラーは、はじめ彼に反発を覚えたと告白している。

初めてウィーンに出たころ、私は熱狂的反ルエガー派だった、汎ドイツ主義者シェーネラー支持者として当然のようにキリスト教社会党の敵に回ったのだ。しかし、ウィーンで生活しているあいだにルエガーを尊敬せざるをえない気持ちに変わっていった。初めて彼の演説を聞いたのはウィーン市庁舎でだった。そして、そのときから私はルエガーへの嫌悪と尊敬との板ばさみに悩み始めたのだ。〈一九四一年十二月十七日〉(『ヒトラーのテーブル・トーク』)

こうしたことから、自由な空想に身を委ねると、ヒトラーはカール・ルエガーに――ちょうど若きニーチェがワグナーを慕ったように――「精神の父」を、自分の「理想我」を見ていたようにも思われる。

思えば、父も大蔵省の守衛から大蔵省の官吏にのし上がった。ヒトラー自身、それ以上の成功を夢見てウィーンに乗り込んだのであった。クビツェクと一緒に下宿していたウィーン滞在初めのころ(すなわち二度目の造形美術アカデミー受験に失敗するまで)は、まだ画家になる夢を捨て切れていないが、その後のウィーン放浪時代に脳髄の片隅でカール・ルエガーと父とを重ね合わせ、それにさらに自分自身を重ね合わせていたのかもしれない。

つまり、ここで見逃してならないことは、ヒトラーはカール・ルエガーの政策の一つ一つに賛同したというより、むしろその人間的魅力に、具体的に言えばその「まれに見る人間通」(『わが闘争』)ないし「賢い戦術家」(同書)に脱帽したということである。

ヒトラーの大衆に対する態度は、まさに「まれに見る人間通」のものである。それを学びえたことが、血筋も学歴も何も持っていないヒトラーにとってまさに宝であった。ヒトラーは頭脳明敏とは言いがたいが、あらゆる人間の心理状態を見抜く能力、そのうえでそれぞれの人の心をつかむ能力は天才的である。ウィーンの最下層において彼がまさに身をもって学んだ成果なのであろう。それこそが彼の「成功」の要因である。

こうして、ウィーン時代に、ヒトラーはむしろ「世界市民的な考え方」を有していた父アロイス・ヒトラーの懐を離れて第二の父カール・ルエガーに近づいていった。彼は「弱々しい世界市民から熱狂的な反ユダヤ主義者になった」(同書)のである。

しかし、ウィーンは私にとって最も根本的ではあったが、最も過酷な人生の学校であり続けた。〔中略〕私は、この都市で大きくは世界観の基礎を、小さくは政治的な見方を習得した。私はその後、これらにただ個々の場合を補足する必要があっただけで、これらをけっして捨てたことはなかった。(同書)

カール・ルエガーとヒトラーのあいだ

カール・ルエガーの葬儀（一九一〇年三月十日没）を、ウィーンの最底辺にいた青年ヒトラーは羨望と嫉妬の入り混じった眼で見ている。

強烈な印象を与える葬列が、亡き市長を市庁舎からリンクのほうへ導いていったとき、私もこの悲劇を観る数十万の人々の中にいた。内的感動に揺さぶられながら、同時に、この男の仕事もまた、この国を滅亡に導く必然によって無益とならざるをえなかったのだ、という感じをもった。カール・ルエガー博士がドイツに生まれていたら、彼はわが民衆の偉大な人物の列に並んだであろうに。彼がこの無能な国で働いたということが、彼の仕事と彼個人にとって不幸であった。（同書）

ヒトラーの『わが闘争』は、体験当時の心境を想起してそのまま記述したというより、多くの場合むしろ同書を口述筆記したときの心境が前面に出てくるので、果たしてカール・ルエガーの葬送の列を見ていた青年ヒトラーが「そのとき」そう思ったのかにわかには信じがたい。しかし、たとえこれが十三年後の、ミュンヘン一揆を仕掛けて獄中にいたときの心境だったとしても、文章の行間から「私はドイツでカール・ルエガーの仕事を引き継ぐのだ」という自負心がはっきり読み取れるであろう。

筋金入りの反ユダヤ主義者、カール・ルエガーが、まさにそれゆえに市民のあいだで

西駅前のヨーロッパ広場にあるカール・ルエガーを讃える石碑

皇帝に勝る人気を得て、五期もウィーン市長を務めた、ということは驚くに値しない。むしろ、驚くべきことは、現在に至ってもその彼が反ユダヤ主義者として咎められないばかりか、ウィーン大学前のリンクは「カール・ルエガー博士リンク」のままであり、西駅前のヨーロッパ広場には、カール・ルエガーを讃える石碑が聳え立っていることである。

これに対して、現代ウィーンは七十数年前にあれほど大歓呼をもって迎え入れたヒトラーをあたかも「ウィーンとはいっさい関係がない」かのように完全に抹殺している。すなわち、ウィーンはカール・ルエガーとヒトラーとのあいだに太い線を引くことを何のためらいもなく実行しているのだ。

最後にちょっと痛快な「事件」を。二〇〇八年秋にウィーンを訪れたとき、カール広場近くの旧ウィーン工科大学の建物の角に、「ここにカール・ルエガー生まれる」というプレートが打ち込まれていることを思い出し、そこに行ってみた。やっと見つけたそのプレートには、白のスプレーで大きな×印がつけられていた。カール・ルエガーをいまだに英雄視し、それからすべてを学んだヒトラーをウィーンから切り離そうと企んできたウィーンとウィーン市民に対する大きな抗議だと（勝手に）解釈して、たいそう愉快であった。

第七章　国会議事堂

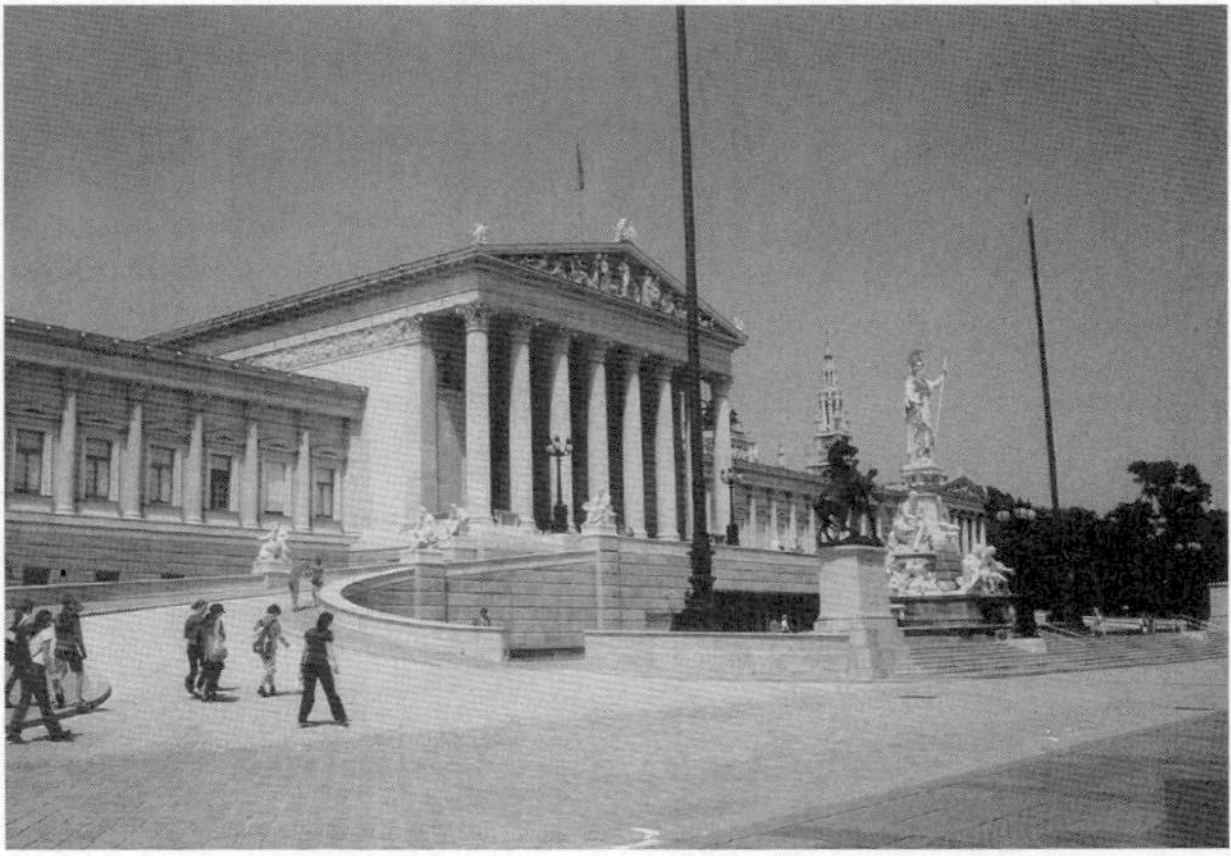

19 世紀後半にリンク沿いにギリシャ神殿様式で建てられた国会議事堂

ヒトラーの帝国議会傍聴体験

国会議事堂（Parlament）は壮大な市庁舎（Rathaus）の隣に——といっても建物自体はかなり離れた所に——位置する。他のリンク沿いの建築群とは一味違ってギリシャ様式であるが、私は十九世紀後半に建てられたギリシャの神殿様式の建築がわざとらしくてどうも好きになれない。

『わが闘争』には、ヒトラーの帝国議会での傍聴体験が生々しく記されている。まずは、その建物の詳細な描写である。

……デンマーク人ハンセンが新しい民族代表の大理石建築に最後の破風を据え付けたとき、彼は装飾として古代から借りてこようと試みる以外になかった。ローマやギリシャの政治家や哲学者が、いまやこの『西欧的民主主義』の劇場建築を飾り立て、象徴的な皮肉なのだが、両院の上に四頭立て馬車が東西南北に向かって引き合い、これによってそのとき内部で行われていたことを、さらに外部にも伝えるということをきわめてうまく表現していた。

多少気負った優等生的なまとめ方である。時折、ヒトラーはこうした才能を発揮する。

そのあとで、彼自身の傍聴体験記が続く。

だが、眼下に繰り広げられている哀れむべき光景を見るや、私はたちまち憤慨した。数百人の民族代表が出席していて、ちょうど重要な経済的意義をもつ問題について態度を決定しなければならなかった。その最初の日だけで、私を数週間考え込ませるのに充分だった。提案の知的な価値は、その演説をとにかく理解しうるという点で見ると、本当に意気消沈させる水準のものであった。というのは、代議士のある者はドイツ語ではなく、彼らの母語たるスラブ語か、あるいは方言でしゃべっていたからである。

〔中略〕大げさな身振りの、あらゆる音調で錯乱したように叫んでいる、荒々しく動く人の群、その間に人のよさそうな老人が、顔中汗を流しながら、鈴を激しく振りながら、あるいはなだめ、あるいは諭すように呼びかけて、議会の尊厳を取り戻そうとしていた。笑わずにはおられなかった。数週間後、私は改めて議場に入った。光景はすっかり変わっていた。議席はまるでがら空きだった。下のほうで議員たちは眠っていた。数人の議員が席に着いていて、お互いにあくびをしており、一人が「演説」していた。副議長がいたが、明らかに退屈そうに議場を眺めていた。（同書）

ヒトラーの眼を通さなくとも、当時の帝国議会はひどく劣悪なものであったらしい。議事堂といっても、それは一八六七年に成立したオーストリア・ハンガリー二重君主国のうち、オーストリア側の議事堂„das cisleithanische Parlament"である。

そのうちの下院をヒトラーも私も見学したわけであるが、議席は五百十六であり、ハーマンの『ヒトラーのウィーン』によれば、現在のオーストリア各州の代表のみならずボヘミア、ガリツィア、ダルマチア、トリエストなど、オーストリア帝国内の諸民族の代表がことごとく集合していた（ちなみに、現在のオーストリアに当たる地域の代表者数は、五百十六人のうち合わせて百六十二人にすぎない）。

発言には、ドイツ語のほか、チェコ語、ロシア語、イタリア語、ポーランド語、ルーマニア語など十の言語が許されていたが、そのうちドイツ語を使用するものは二百三十三人にすぎず、二百八十三人がそれ以外の言語で発言していたのである。しかも、通訳はつかなかった。

こういうありさまであって、しかもそれぞれの議員は民族自決意識の高まる東欧の諸地方から不満のくすぶり続ける各民族の利益を代表して来ているのであるから、議場が大混乱するのもさもありなんというところである。

なお、こうした「自由あふれる」議場の雰囲気は、一九〇七年（ヒトラーが二度目にウィーンを訪れた年）に設定された普通選挙の直後であったことも大いに関係していた。ヒトラーも『わが闘争』の中で何度も「あのバカども！」と非難しているが、当時の普通選挙権の条件は居住地に一年以上居住していることを証明できる二十四歳以上の男子であったから、そのときは条件年齢以下であり、二十四歳でウィーンを離れたヒトラーは枠外にあった。

国会議事堂案内ツアーに参加する

二〇〇九年の四月に、はじめて国会議事堂の中を見学した。国会の会期中以外は、議事堂内の案内ツアー（Führung）があることを初めて知ったのだが、その日、オーストリア政治史展覧会がちょうど開かれていて、入り口にあふれかえる人々の大部分はその展覧会がお目当て。そのあいだを縫うように、十分刻みで「普通の」案内ツアーが組まれている。二時からのわれわれのツアー参加者は八人であり、ほとんどが外国人であるためか、ドイツ語の他に努力すればどうにか聞き取れる（ひどいアクセントの）英語も加味した中年女性による議事堂内案内ツアーが始まった。

はじめ、ハプスブルク帝国の帝国議会（Reichstag）でも使用されていた旧議場へ。ここは、天井のぶ厚いガラスのせいか、連合軍による度重なる空襲にも耐えて、オリジナルの姿を留めているとのこと。

国会議事堂内部。絢爛豪華な議場はぐるりと半円を描いている

その会議場で、ガイドが立てかけてある一枚の写真を指さしながら説明してくれた。それは、大きな太鼓のような音の出る道具であり、議場にはさまざまな言語が飛び交っているので、言葉で野次を飛ばしても伝わらないから、こうした武器で発言を妨げたとのことである。ヒトラーの記述にあるように、議長は鈴を鳴らし、議場いっぱいにとどろく罵声や口笛のみならず「打楽器」が鳴り響く、まさに「意気消沈する水準のもの」であったことは想像できる。ぐるりと半円を描く豪華絢爛たる議場の壁には、ありとあらゆる柱にギリシャの神々の像が彫られていて、その上方部分には劇場のように二階

建ての傍聴席が設けられている。上段の階が一般市民用だという。ヒトラーは、どのあたりで苛立つ気持ちを抑えながら会議を傍聴していたのであろうか？　私は頭を巡らせて傍聴席の奥を覗きこんでいた。

ガイドがにこやかな眼で「質問は？」と問いかける。みな黙っている。そこで、私は「ヒトラーはあの傍聴席から会議を傍聴していたのですよね？」と聞くと、彼女は「ええ、ずいぶん批判的に傍聴していました」とのこと。なら、なぜそのことをひとことも言わないのであろうか？

折しも開催されていた政治史に関する展覧会は、オーストリアがいかに民主的な国家であったかを強調するものであった。納得できない気持ちを抑えて議事堂を後にすると、仰ぎ見る青空がまぶしかった。ヒトラーもこんな気持ちだったのかもしれない。

ヒトラーの政治的関心の目覚め

なお、『わが闘争』の内容からは、ヒトラーがいつごろから特別な政治的関心を持ち始めたか、正確なところはよくわからない。リンツ時代、つまり実科学校時代には、歴史が唯一の得意科目であり、当時から歴史には相当の関心があったとみなしてよいが、それがどのようにして政治と結びついたのかは、――多くの場合、人があることにことさら「関心」を抱くようになった経過がわからないのと同じく――証明不能である。

ウィーンに着いてからしばらくは、ヒトラーはひたすら画家になる夢を追い続け、造形美術アカデミー入学を願っていた。同居している友人クビツェクがあっさり音楽院に受かってしまったのに、自分はまだ受かっていない。昨年不合格だったこともまだ友には打ち明けていない。そんなころ、――常識的には美術の勉強に時間を費やせばいいと思うのだが――ヒトラーはクビツェクを連れて何度も議事堂へ傍聴に行ったのである。

クビツェクの証言によると、傍聴しているさいのわずかなことをも見過ごすまいとするヒトラーの態度も、帰宅後延々深夜に至るまで続く議会批判・ハプスブルク帝国批判も、まさに異様なものであった。ということは、造形美術アカデミーの入試に一度は失敗したが、まだ望みをその年の秋の試験に託していたころ（つまり、まさにクビツェクとの四ヶ月ほどの同居期間に）、ヒトラーは政治的関心を持ち始め、下宿を出て浮浪者収容所や独身者施設に住まっていたころ、それをますます高じさせていった、ということになる。

では、なぜ政治音痴のクビツェクを引き連れていったのか？　ヒトラーは、歌劇鑑賞と同様、自分の印象を反論することなく辛抱強く聞いてくれる相手が必要であった。その適任者として、クビツェクの襟首をつかむようにして朝九時から何度も傍聴に出かけていったのである。

クビツェクはより具体的にそのときの様子を伝えている。

アドルフは、何も知らない私につまらない国会の状況を説明しようとした。
「高いところに途方にくれて座り、時々鈴を振っているけれど、誰も注意を払っていない、あれが議長だ。上段に堂々と座っている男たちは大臣だ。大臣の前で机に身をかがめている連中が速記者だ。ここでまともに働いているのは速記者だけだ。真に熱心に働いている男たちはここでは何の意味もないことは確かなんだが、彼らには比較的共感する。その前の長椅子には、オーストリア帝国各地域からの議員たちが座っているはずなんだ。でも、ほとんどの連中はロビーで散策している」
それから、アドルフは個々の状況について解説してくれた。ちょうど一人の議員が動議を提出し、その理由を述べていた。その間に、他のほとんどの議員たちが席を離れてしまったことは、この議員の動議に誰も興味をもっていないことを証明している。しかし、議長がこの動議についての議論を始めると、とたんに騒がしくなるだろう。アドルフは議会の内部事情に精通していた。議事日程まで手許に広げていた。やがて全部、彼が言った通りになった。(『アドルフ・ヒトラーの青春』)
『わが闘争』の第三章「わがウィーン時代の一般的政治的考察」には、帝国議会の傍聴体験によって、彼のうちでハプスブルク帝国の政治体制へのありとあらゆる批判・非難・憎悪が高まっていく様子が克明に描かれている。それは、総体的に見て（否定する根拠がないという理由で）おおむね信じていいであろう。

ハプスブルク帝国批判とチェコ批判

注目されるべきは、こうしたハプスブルク帝国に対する罵詈雑言のなかで、ユダヤ人憎悪はけっして中心を占めていないことである。これは当然のことで、当時の帝国議会にはユダヤ人はいても、ユダヤ民族を代表する議員はいなかったからである。その代わり、ヒトラーは怒りの矛先をチェコに向けていた。

とくに王権継承がフランツ＝フェルディナント大公に影響を与え始めて以来、天下り的に計画や法規のチェコ化が進んでいった。可能な限りのあらゆる手段で、この二重国家の未来の支配者は非ドイツ化に助力し、あるいは非ドイツ化そのものを促進させようとし、少なくとも庇護しようとした。〔中略〕家族がドイツ語よりむしろチェコ語をしゃべっていたこの新しいハプスブルク家の指導的な考え方（大公妃はもとチェコ伯爵令嬢で王子と身分違いの結婚をしたのだ。彼女は反ドイツ的立場を伝統的に取っている階層の出である）は、正統的ロシアに対する防壁として、中部ヨーロッパに厳格なカトリックを基盤にしたスラブ国家を漸次建設することであった。

（『わが闘争』）

オーストリア・ハンガリー二重君主国とは、オーストリア帝国が多民族国家を維持するためにできた最後の自己防衛策であって、ハンガリー民族の独立を半ば（以上）認め、オーストリア皇帝がハンガリー王を兼ねるという変則的な政体であったが、これにより他の民族の自決運動に火をつける結果ともなった。

そのさい、最も不平を唱えたのがチェコ民族であり、ハプスブルク帝国はさらに「三重君主国」を建設することは不可能であるがゆえに、さまざまな形でチェコ人との融和策を講ぜざるをえなかった。こうした動きに対して、ドイツ人の側からの再批判を当時のヒトラーが代弁しているわけである。

ここで時計の針を進めると、このチェコに対する不満が一九三八年のズデーテン地方侵攻、さらには翌一九三九年のチェコスロバキア併合に繋がるのだ。意気揚々とプラハ城に入城するとき、ヒトラーの脳裏には瞬時でもチェコ人であり親友であるクビツェクの顔が浮かばなかったのであろうか？

さて帝国議会であるが、多民族国家というタテマエ上、そして近代民主主義国家というタテマエ上、ヒトラーが観察した議場の醜態もある意味で自然であろう。そこに、民主主義の最も愚かな面を見たとするヒトラーのセンスに、それほどの狂いはないように思う。

これに関しては、彼の「現実感覚」を評価しなければならない。ヒトラーは帝国議会の惨憺たる光景を間近に見て心の底から憤り失望したが、それを廃止することを望みはしなかった。なぜなら、そうなればハプスブルク家によるハプスブルク帝国という旧態依然とした体制が復活するだけだからである。

ヒトラーは、もし自分が議会をベルリンで傍聴し、眼下の光景がこうしたテイタラクだったら、すぐさまそれを廃止することに賛同したであろうと述べている。その場合、笑止千万のバカげた議論などせずに、強大なドイツ皇帝のもとに統一的なドイツ人の国家が建設されることになるからである。このことは、後に権力を掌握してからの彼自身の行動を暗示している。

「普通の」反ユダヤ主義

先にも述べたように、ヒトラーのユダヤ人憎悪は、帝国議会の傍聴体験とは一応切り離されている。確かに、『わが闘争』において、ユダヤ人憎悪はいたるところにちりばめられている。とりわけ第二章「ウィーンでの修業と苦悩の時代」の後半部分は、注目に値する。そして、前章で触れたように、「私は弱々しい世界市民から熱狂的な反ユダヤ主義者になった」（同書）と結んでいる。

ヒトラーのユダヤ人憎悪は、まず街で見かけるユダヤ人の不潔さに向けられ、ウィーンのいたるところに見られる売春制度に向けられ（それを仕組んでいるのはユダヤ人である！）、さらには「すべての文学的な汚物、芸術上のキワモノ、演劇上のバカ騒ぎの九割」（同書）が、ユダヤ人の手になるという信念を築いていく。

クビツェクは、ヒトラーの反ユダヤ主義的な発言や態度に関するエピソードをいろいろ語っている。例えば、ユダヤ人の街頭物売りは禁じられていたが、警察に補導されると「していない」と言い張るので、ヒトラーが証人として警察署に同行し、とっちめたという話。あるいは、クビツェクの音楽院に学生でかつ新聞記者でもある男がいたが、彼にクビツェクがヒトラーの苦境について話すと興味を示し、一つ小説を書いてくれれば何かの仕事を紹介できるかもしれないと仄めかした。ヒトラーはさっそく小説（『翌朝』というタイトルであったという）を書いたが、その男に会ってみるとユダヤ人であることがわかったので、原稿を渡さず、直後にクビツェクを怒鳴りつけたという話など……。

だが、これに反して、後にヒトラーの仕事の相棒であった（ユダヤ人である）ハーニッシュはじめ複数の独身者施設の同居人は、このころのヒトラーの言動にはとくに反ユダヤ主義的なものはなかったと証言している。

ここで注意しなければならないのは、クビツェクの証言が完全に正しいとしても、この程度の反応は当時のウィーンでは「普通」だったということである。例えば、フロイトは父親と街を歩いているときに、いきなりある男が父の帽子を奪い取り、足で踏みつけて排水溝に捨てたが、父親は何の抗議もせずにその帽子を拾い上げるだけだった、というエピソードを語っている。当時は、かなりの数のウィーン市民の中にユダヤ人憎悪が渦巻いていたのであり、それがあったからこそ、反ユダヤ主義を露骨に掲げて市長選に打って出たカール・ルエガーは圧倒的な勝利を収め、皇帝をも凌ぐほどの人気を維持できたのである。

先にも確認したように『わが闘争』には、実際にヒトラーがウィーンで体験したころの心境より、むしろミュンヘン一揆(一九二三年十一月)が不成功に終わりながらも、裁判過程において自分の「力」に対する手ごたえをつかんでいた当時のヒトラーの心理状態がかなり投影されている。

つまり、ユダヤ人に対する心境の描写に関しては、実際にウィーンの路上で、あるいはやがて入る浮浪者収容所や独身者施設で考えたことを忠実に再現しているというよりむしろ、第一次大戦を潜り抜け、政治の舞台で頭角を現してきたヒトラーが、「ユダヤ人憎悪は正しい」という自信に支えられてウィーン時代を振り返って描写したもの、とみなすほうが妥当であろう。

ウィーンが与えた実地教育

ヒトラーが反ユダヤ主義者になったという宣言を、後のアウシュヴィッツから逆算してとらえようとするから、さまざまな無理な読み込みが生ずるのであって、問いは、一体いつ普通の反ユダヤ主義者から後のホロコーストへと通ずる筋金入りの反ユダヤ主義者になったか、という立て方をしなければならない。そして、この問いに適切に答えるのはなかなか難しい。

『わが闘争』の第二章「ウィーンでの修業と苦悩の時代」に次の注意すべき叙述がある。

> こうして、ゆっくりと私の反ユダヤ主義に関する見解が、時の経過とともに変わっていったのだが、これは私のうちで最も困難な転換であった。この転換には、最大の内的精神的格闘が必要であった。そして、数ヶ月の知性と感情との格闘の後に、勝利は知性の側に傾き始めた。二年後、感情は知性に従い、それ以後、知性の最も忠実な番兵および警告者となった。感情的な教育と冷静な知性との間で激しい格闘が行われていたころ、ウィーンの街路は私に実地教育で讐えようもないほど奉仕してくれたのだ。

いつもながらのいらいらするほど抽象的な告白であるが、これを文字通り解すると、ヒトラーが反ユダヤ主義者になるには「数ヶ月の知性と感情との格闘」があり、二年後に知性が感情に勝ったということである。そして、ウィーンの街路がこの格闘に「実地教育」(„Anschauungsunterricht“ 直訳すれば「観察教育」)において奉仕したというのは、その二年間、ウィーンの街路でさまざまな悲惨な光景を眼にして、反ユダヤ主義は正しいという結論に達した、ということであろう。

つまり、ヒトラーにとって反ユダヤ主義はあくまでも彼の理性的判断によって到達したことなのだが、それにウィーンが「実地教育」において補佐的な作用をなしたと言いたいのであろう。

具体的に詮索するに、ヒトラーはクビツェクとの同居生活を一九〇八年二月から六月くらいまで続け、クビツェクが郷里に帰っているあいだに行方をくらまし(十一月)、その後一九一三年五月にミュンヘンに発つまで、あと四年半もウィーンにいたのであるから、「数ヶ月の格闘とその後の二年」というのは一九〇八年十一月に下宿を出たときから後と見るほうが自然であろう。

とはいえ、ヒトラーに限って言えば、こうした詮索にも限界がある。というのは、ヒトラーの時間感覚は相当怪しいからである。彼は『わが闘争』において、ウィーンに着いたときの自分の年齢でさえ、ミュンヘンに発った年でさえ間違っている。だから、先の引用箇所は、ただ「ウィーンで長い闘いの末に反ユダヤ主義者になった」という程度の了解でいいように思う。

だが、このヒトラーにしては慎重な告白でさえ、そのまま信じることはできない。ヒトラーはい、つあれほどの過激な反ユダヤ主義者になったのか？　これに関しては長い論争があるが、性急な結論を避け、ゆっくり考察していかねばならない。

第八章　浮浪者収容所

現在のマイドリンク周辺（フィラデルフィアプラッツ駅前）

ヒトラーの反ユダヤ主義

前章のテーマの続きであるが、ヒトラーの反ユダヤ主義はどのようにして発芽し、どのように生育し、どのように巨木になったのであろうか？　これに関しては、百家争鳴の観があり、ある研究者はヒトラーの反ユダヤ主義はすでにリンツ時代から彼の身体にこびりついていたと論じ、ある研究者はまさにウィーン時代に礎石が据えられ屋台骨が築かれたと論じ、ある研究者はその異様に不寛容なヒトラー独特の反ユダヤ主義の完成はその後のミュンヘン時代まで待たねばならないと論じている。

その詳細をここで論じる余裕も関心もない。それは、すべての論議がきわめて少ない資料をもとに、推論を重ねて都合のよい仮説を立てている域を出ないからである。

例えば、リンツ時代説を否定する者は、その当時ヒトラー家のかかりつけの医者であるブロッホがユダヤ人であったという事実を挙げているが、リンツ時代説を肯定する者は、その医者の治療の甲斐なく母親が癌で死んでしまったことが、ヒトラーのユダヤ人憎悪の根底にある、と論じている。他の「対立」も大同小異であって、真正面から取り組む気力がなくなるような虚しい論争である。

また、『わが闘争』における「私は弱々しい世界市民から熱狂的な反ユダヤ主義者になった」というヒトラー自身の記述があてにならないことは前章で述べたが、さらにクビツェクの『アドルフ・ヒトラーの青春』における記述も相当眉唾物とみなしていい。ハーマンは『ヒトラーのウィーン』において、クビツェクが戦後アメリカ軍によって、ヒトラーの友人だったという理由で逮捕されたとき、この書から大幅に自分自身の反ユダヤ主義的発言や行為を削除し、ヒトラーの反ユダヤ主義的言行はそのままにしたと書いている（このこと一つ取っても、彼はあまりにも賢明な男であり、果たしてヒトラーの「友人」であるのか疑いを抱かせる男であり、私はどうも好きになれない）。

　すなわち、『わが闘争』と『アドルフ・ヒトラーの青春』というウィーン時代を語るただ二つの証拠物件でさえ完全に信頼するには当たらないのである。反ユダヤ主義を一般的に論じても何も出てこないのであって、――前章でも述べたように――当時のほとんどのウィーン市民は多かれ少なかれ反ユダヤ主義者だったのだから、数々のヒトラーのユダヤ人に対する差別的発言や行為をどんなに集めても、「そのときヒトラーの反ユダヤ主義が完成された」という結論を導くことはできない。

　もちろん、若きヒトラーが郷里を同じくする汎ドイツ主義者のシェーネラーや人間知および大衆操作において敬服していたウィーン市長のカール・ルエガーからかなりの影響を受けたことは事実である。しかし、それとて、その段階に留まる限り、やはりごく普通の反ユダヤ主義の域を出ない。そこから、ホロコーストに代表されるユダヤ人絶滅計画への道は直接延びていない。

それは、あえて比較すれば、五十年前のわが国民のほとんどが、女性差別論者であり、性的マイノリティー（ゲイや性同一性障害者など）差別論者であり、環境問題無関心論者であったようなものであり、百年前のわが国民のほとんどが、富国強兵主義者、大日本帝国支持者であったようなものである。そして、こうした思想のリーダーであった坂本龍馬や吉田松陰や乃木大将が現在それでも尊敬されていることに符合している。

共産主義革命容疑者の告発係

前章で強調したことを繰り返せば、ここでわれわれは「普通の反ユダヤ主義者」から「特殊ヒトラー的反ユダヤ主義者」への転換点を正確に見定めることが大切なわけである。

最近刊行された『ヒトラーのユダヤ人憎悪』（Hitlers Judenhass, Piper）においてR・G・ロイトは、綿密な資料に基づく冷静な見解を示している。彼によれば、ヒトラーが筋金入りの反ユダヤ主義者になったのは、ウィーン時代どころではなく、その後ミュンヘンに渡って第一次世界大戦に従軍したときでもなく、四年に及ぶ過酷な戦線から帰還し、ドイツ帝国が崩壊して――ヒトラーによると――ドイツ全土が共産主義化の津波に呑み込まれそうな緊急事態のとき、すなわち彼がユダヤ人の世界支配を共産主義革命と具体的に結びつけてはじめて成立したという見解を取っている。

この見解もまた絶対的確証を得られる性質のものではなく、これを外的資料のみから固めていくのは難しいであろうが、ここにヒトラーの独特の性格あるいは人間性を重ね合わせると、ある程度説得力のある見解になりうるように思われる。

一九一八年秋、ヒトラーが戦場から祖国ドイツ（当時彼は無国籍者であったが）に戻ってくると、祖国は——彼の眼には——瓦礫の山の合間に不気味な共産主義者の旗がひらめいており、共産主義者たちが牙を剝いて市民たちに襲いかかろうとしている状況であった。そうした事態において、彼は「ドイツ陸軍教育将校」として革命容疑者を告発するという崇高に見えてきわめて卑劣でもある職業という意味で「天職」を得た。

ある日、腹をすかせくたびれた軍服を身にまとってすべてに唾を吐きかけたい気持ちで街を歩いていたヒトラーは、いかにも貧寒な演説会場にたどり着く。それはドイツ労働者党（将来のナチス）の演説会場であった。演説にもその日配布されたパンフレットにも、彼はそれほどの興味を覚えなかった。だが、宿舎（どこに寝泊まりしていたか定かではない）に帰り、ふっとパンフレットを手に取って読み進むうちに、彼は自分の思想、いや現状への底知れぬ不満との驚くほどの一致を認めた。

こうした事実を突きつけられると、われわれはそこに口を開けている「偶然」に言いしれない不条理を覚える。彼がそのときパンフレットを手にしなかったら、ホロコーストに至るあのすべての恐るべき事柄はなかったであろう、という気持ちを抑えることはできない。しかし、ヒトラーはパンフレットを手に取ったのである。

そして、翌日、逡巡しながらもそれに入党し、たちまちドイツ労働者党の演説会場において演説家として頭角を現すようになる。ここで大切なのは、このときヒトラーはユダヤ人の世界支配を共産主義革命と結びつけて客観的に理解したというより、人生において初めて自分の能力を他人から評価され、舞い上がるほどの気持ちだったということである。

運命が初めて彼に目配せをした。それを、彼はしっかりつかんだのだ。彼は無我夢中で演説した。気がつくと、聴衆はみな顔を輝かせ涙を溜めている。終えると割れんばかりの拍手。よって、自分の語っていることは真理なのである！

彼は成功に酔いしれた。自分を救うために、ドイツを救うために（この二つは奇妙に重なり合っている）、ヒトラーは反ユダヤ主義というそそり立つ急勾配の岩山を駆け上がる。これのみが、自分が、そしてドイツが生きる道なのだ！

ヒトラーは自分の過激な反ユダヤ主義的プロパガンダが大衆から熱狂的な支持を得ることを体感的に知った。自分が過激になればなるほど、大衆が感動することを学んだ。このように、彼の反ユダヤ主義は演説を重ねれば重ねるほど過激になっていった。そして、大衆のますます過熱する反応によって、ますますその「正しさ」を確信していった。ヒトラーは、綿密で冷静な計算によって大衆を一方的に操作していたのではない。彼もまた大衆に操作されていたのだ。むしろ、彼の反ユダヤ主義は大衆との共謀構造の成果なのであり、大衆との共同作品なのである。

ユダヤ人憎悪とウィーン憎悪

『わが闘争』は、ミュンヘン一揆（一九二三年十一月八日）の失敗にもかかわらず、その裁判における量刑の軽さや実際の処分の軽さ（禁固五年の刑であったが、実際には翌年十二月二十日に釈放されている）に現われているように、ヒトラーが自分に追い風が吹いていることに絶大な自信を持っていた時期に書かれたものである。彼は、確かにその第二章で、「ウィーンで私は反ユダヤ主義者になった」と書いている。これは、その限り否定のしようもない事実であるが、このあたりは文字面をたどるのではなく、二次資料を集めるのではなく、繊細な精神をもって、しかも想像力を逞しくして読まねばならない。

ランツベルク拘置所で、彼が同書を口述しているとき、同書は彼にとって予言の書であるとともに、これまでの反省を総括する書である、という意識があったに違いない。

両者は切り離すことができない。つまり、ヒトラーはこれからのドイツ支配へ向けて、自分の個人的体験を大衆が望む独特の英雄物語の形に仕上げる必要を感じたのだ。そして、彼のウィーンに対する憎悪、ハプスブルク帝国に対する憎悪、共産主義に対する憎悪がごく自然に溶け合って誰にもわかりやすいメロディーを奏で始めたのである。

ヒトラーにとって、ウィーンは足腰立たなくなるほど自分を痛めつけた所である。だからこそ、結果として絶望から這い上がる仕方を教えてくれた所でもある。その「最も過酷な人生の学校」（『わが闘争』）を卒業したからこそ現在のこの自分がいるのだと、彼はランツベルク拘置所で何度も反芻したことであろう。

そして、ヒトラーは現実とフィクションとの境を悠々と跳び越す「才能」を持っている。彼にとって現実とは、そうであると思い込みたい事実と変わることはない。この意味で、彼の反ユダヤ主義の根は、客観的には一九二〇年代のミュンヘン時代に突き止めることができようと、あくまでも主観的には彼を血みどろになるまで痛めつけ彼を絶望させたウィーンにあるのだ。ロイトの研究（„Hitler“ R. G. Reuth, Piper, 2003. „Hitlers Judenhass“ R. G. Reuth, Piper, 2009）がいかに客観的にその足跡を正確にたどりえても、主観的にはびくともしないのがヒトラーなのである。

確かに共産主義への恐怖という媒介を経てはじめて、ホロコーストへと通じる彼のユダヤ人への恐怖は説明できるであろう。しかし、ドイツの敗北が決定的になるとともに憑かれたようにユダヤ人絶滅を指示する彼を見ていると、どうも私には、彼の反ユダヤ主義の根底には、やはり彼を徹底的に痛めつけたウィーンに対する憎悪が潜んでいるような気がする。野良犬のように彷徨っていた日々に対する怨念が、ことごとくユダヤ人に向けられているような気がする。

さらに想像を逞しくすると、ベルリン陥落の間際に総統府の地下壕でじっと自らの人生を反省していた彼は、人生の船出の地だったとも言えるウィーンに対して、改めて憎悪の火を燃やしていたのではないだろうか？　その燃え盛る火はユダヤ人への憎悪という赤々とした火と区別がつかないのである。

クビツェクとの別れ

一九〇八年七月初旬、クビツェクはヒトラーとの数ヶ月にわたる同居生活をいったん打ち切って故郷のリンツに帰ることに決める。(注1)ヒトラーは造形美術アカデミーの入学試験に再度挑戦するためにウィーンに留まる。友との別れの日、ヒトラーは西駅まで見送りに行っている。

彼は西駅まで私についてきてくれた。私は荷物を列車に積み込み、またプラットフォームにいる彼のもとに戻った。彼はどんな形でもセンチメンタルなことを嫌っていた。だから、彼は心が強く動かされるほど、かえって素っ気なくなった。それで、彼はただ私の両手をとり――彼が両手をとることは普通なかったが――、固く握り締めた。それから彼は踵を返して、一度も振り向かずにせかせかした足取りで出口に向かった。(『アドルフ・ヒトラーの青春』)

その後、リンツのクビツェクのもとには、ウィーンのヒトラーから七月十五日、七月十九日、七月二十一日、八月十七日、そして八月二十日には先祖の土地ヴァルトフィアテルから葉書や手紙が届いている。

なお、マーザーは、このうち八月十七日付のヒトラーの書簡をつぶさに吟味して、「若いヒトラーが正書法も句読点も正確に駆使していないことを示している」(『ヒトラー自身のヒトラー』)として、とくに綴り字(スペリング)のはなはだしい間違いを指摘している。しかも、その間違いは意図的とも言えるものである。

〔ヒトラーが〕ウィーン時代、すでに正書法的に正しく書こうと思えば間違いなしに書くことができたということは、数多くの例が証明している。例えば、いい印象を残そうとか、別の肯定的な反応を引き起こすことが肝要とあれば、彼は正書法の間違いはまったく犯さなかったのである。(同書)

マーザーは「どうしてそんな間違いを犯すのか、単純明確《ママ》には答えにくい」(同書)と結んでいるが、確かに明確な答えはないであろう。われわれは、このことがヒトラーの「割り切れなさ」を示す一例であることを肝に銘ずるほかはない。

クビツェクが郷里にいるあいだ、ヒトラーからは連絡が途絶えていた。そして、クビツェクが十一月にウィーンに戻ってくると、友は「蒸発」していたのである。クビツェクには何の予告もなく、部屋には何の書き置きもなかった。クビツェクの驚きは大きかったであろう。ヒトラーは、秋になったらまた一緒に暮らそうとまで言っていたのだから。

クビツェクはすぐに一人で借りるには贅沢すぎる下宿を出、自分の新居所を実家の母と家主のツァクライス夫人と音楽院の事務局に知らせ、さらにリンツに戻ったとき、ヒトラーの異母姉アンゲラ・ラウバルにもヒトラーの行方を尋ねている。しかし、彼女は弟のことは何も知らなかった。その後、彼のもとにヒトラーに関する情報は何も入らなかった。

それにしても、なぜクビツェクはこれほど冷静な対応で満足したのだろうか？　ウィーンじゅう血眼になってヒトラーを探さなかったのだろうか？　彼の回想録には、ヒトラーは自分に会いたければ連絡してくるはずだ、それをしてこないのだからそれなりの理由があってのことだろう、そう思って断念したとあるが、これはいかにも上っ面のきれいごとである。

クビツェクはすでに前年ヒトラーが造形美術アカデミーの入学試験に不合格だったこ

とを突き止め、この秋に再度挑戦することも知っていた。入学試験は毎年九月末から十月初めに行われるのであるから、すでに「決着」がついていることもわかっていた。ヒトラーの荷物が空になった部屋を眺めながら、聡明で敏感なクビツェクのことであるからヒトラーが再び入学試験に落ちたこと、敗者の醜態を友に晒すのは面目ないと思って姿をくらましたことをすぐに悟ったに違いない（なのに、そう書かない彼がどうしても私は好きになれない）。

兵役の拒否

ヒトラーはその後一九一三年五月二十四日に西駅からミュンヘンに出発するまで、ウィーンに留まっていた。しかし、消息はまるでわからなかった。ヒトラーが身を隠した理由は、第一に、二度までも造形美術アカデミー入学試験に失敗した彼は同居している友に合わせる顔がないからである。

だが、もう一つの理由を強調する研究者も少なくない。それは、ヒトラーがこのとき突然姓名を隠し居所を隠したのは、まもなく自分に課せられる兵役を逃れるためであったというものである。この説はマーザーに由来するものであるが（前掲訳書）、なかなか説得力のあるものである。

前章で追跡したように、ヒトラーはウィーンに着いて半年も経たないうちに、熱心に帝国議会を傍聴し、その多民族からなるハプスブルク帝国の惨状を目の当たりにした。この国は滅ぶべきであり、こんな国のために身を捧げることは狂気の沙汰だ。彼は、こうしてウィーンに着いてまもなく政治的関心の高まりとともに、迫り来る兵役義務を回避すべく思いを巡らせていた。

当時のオーストリア帝国の法律によると、二十歳になった男子にはすべて兵役が課せられており、半年前にそのための資格検査を受けねばならない。ヒトラーは一八八九年四月二十日生まれであるから、一九〇九年の同日に二十歳の誕生日を迎える。ヒトラーが下宿から姿を消したのは一九〇八年の十一月のことだから、ちょうどこの資格検査の義務がわが身に降りかかってくる時期である。とすると、確かに兵役を回避するためにここで先手を打って行方をくらましたとも考えられよう。

しかし、ヒトラーの性格をある程度知悉しているわれわれからすると、彼が初めからそのような計画の下に冷静に行動したとも考えにくい。やはり、とにかくクビツェクに会いたくないという気持ちが彼の全身を突き動かしていたように思われる。

今度は一次試験さえ受からなかった。これで画家への道は完全に閉ざされた。とすると、クビツェクとこのまま同居を続けることは辛い。いや、もはや不可能だ。再度の不合格をどうして彼に告げられようか？　彼に慰められたくもない。といって、父も母も死んでしまった郷里に帰って何になろう？　俺には行き所はないのだ。そして、これから何をしていいかもわからないのだ。
クビツェクがウィーンに戻ってきたら、すべてを冷静に友に話して、今後別々に暮らすことを提案しよう。いや、そんなことができるわけはない。この俺が何であんな奴にはっきり負けを認めなければならないのだ！　奴はきっと穏やかな口吻で慰めてくれるであろう。だが、全身は勝利者の喜びで輝くであろう。断じて、そんな屈辱に耐えることはできない……。

こうしたことから想像するに、もしかしたらクビツェクがウィーンに戻ってくることに「恐れとおののき」をもって身構えていたまさにそのとき初めて、「そうだ、このまま俺がここから行方をくらませてしまえば、徴兵逃れも可能になる！」という考えがヒトラーの念頭をよぎったのかもしれない。徴兵逃れのことは、クビツェクの詳細な回想録にも記されていないから、ヒトラーは、半年間の同居生活において友に兵役逃れの計画を仄めかすことさえなかったと思われる。

自分がいま潜伏する理由は、負け犬が身を隠すのではなく、腐りきったオーストリア帝国の兵役を拒否するという崇高な動機のためなのだ。ヒトラーはこの考えに飛びついた。これは、いやこれのみが、自分がいまここで身を隠す理由をうまく説明しうる。よって自分はそういう崇高な意図を初めから持っていたのであり、いまようやく実行のときが来たのである。ヒトラーは何度もこう自分に言い聞かせ、そして次第にからだごとそちらのほうに動いていったのではないだろうか。真相はヒトラー本人にもわからないだろうが、彼が大いなる自己欺瞞をフル回転させて難局を乗り切り、しかもその自己欺瞞をいささかも自分自身に告知しない才能の持ち主であることは確かである。

マイドリンク

ところで「兵役を逃れるために身を隠していた」われらのヒトラーはどこにいたのか？　シュトゥンペル通りの下宿を出た彼は、フェルバー通り、ゼックスハウザー通り、ジモンデンク通りと居所を次々に変え、そしてちょうど一年後の一九〇九年十一月にハーニッシュというインチキ画商が、ヒトラーをマイドリンクの浮浪者収容所で見かけたという証言が残されている。

村瀬興雄によれば、その浮浪者収容所の概要は次のようなものであった。

浮浪者収容所はウィーンの西南マイトリング区にあった。富裕なユダヤ人エプシュタイン家の寄付に大きく依存した施設で、一九一一年には七一万人分のスープとパンを支給し、二二万六〇〇〇人の男、五万人の少年、六万一〇〇〇人の女、四万六〇〇〇人の子どもを収容した。収容所がマイトリングに移されたのは一九〇八年十一月二十一日であり、それ以前には、より小さな規模で、別の場所に経営されてい

マイドリンクのかつて浮浪者収容所だった建物

た。(『アドルフ・ヒトラー』中公新書)

マイドリンクはウィーン市の南西部に位置し、現在の十二区であって、労働者の多い街である。日ごろほとんど足を運ぶことはないが、二〇〇九年に視察のために行ってみた。フィラデルフィアブラッツ駅前は広い通りが何本も交錯し、品揃えの豊かな大規模のスーパーマーケットがドンと店を構えていて、どこにでもある郊外の庶民的な街といった感じである。細い橋を渡って線路の向こう側に出ると、線路に沿って無味乾燥な共同住宅が立ち並び、道路の反対側の石壁の向こうは墓地である。十分以上も歩くと、ふいに右手に大きなクリーム色の建物が現れる。それが、かつての浮浪者収容所である。そのときは工事中であったが、名前に反して立派な堂々たる建物である。現在その建物がどのような目的で使用されているのか判然としない。ただ、扉にも門にも「カリタス」の文字があったから、何らかの住宅困窮者（いわゆるホームレスや住居の確保のできない外国人）に対する助力施設なのかもしれない。

同じ道をたどって戻り、駅前のコーヒーショップに入る。窓の外を行きかう人びとを眺めながら、百年前にこの辺りをひとりの痩せこけた青年がぎらぎらした眼を輝かせ腹をすかせて野良犬のように彷徨っていたのだ……と思うと、なぜかふっと目頭が熱くなってきた。

注1　クビツェクが『アドルフ・ヒトラーの青春』の中で、自分はこのとき兵役のために郷里に戻ったと記しているので、長くそうであったと信じられていたが、現在大方の研究者はこのときクビツェクは兵役を果たしたのではない、という説に傾いている。詳しくは、藤村瞬一の『ヒトラーの青年時代』を参照。

第九章　独身者施設

メルデマン通り27番地の「独身者施設」

メルデマン通り二十七番地

二〇〇八年の夏のある午後、十九区の自宅からバスと地下鉄を乗り継いで私はその通りに来ていた。地下鉄の駅を降り、すぐに角を曲がったところからメルデマン通りは延びていて、両側には清潔なアパートが立ち並び、さらに新しいビルの工事が進んでいる。漠然と、もっとうら寂しい所を予想していたが、ウィーンの街にしてはむしろ近代的なたたずまいである。その通りはドナウ川とドナウ運河のあいだに広がるブリギッテナウと呼ばれる現在の二十区にあり、かつてはユダヤ人をはじめとする外国人労働者が多く住んでいた。

私はすぐに二十七番地にある目的の建物を見つけた。灰色の何の変哲もない二階建ての建物（所々に上部階が付け足されている）が、かなりの間口をとって延びている。通りにはひとっこ一人通らない。扉に近づいて開けようとしたが、動かない。ビルを工事している男が時折こちらを不思議そうに見る。さまざまな角度からカメラのシャッターを何度も押す。この建物はいまも公共施設として使われているらしいが、ヒトラーはウィーン滞在のうち三年にわたってここ「独身者施設」に住んでいた。閉め切った窓の列が私を冷たく拒絶していた。

当時の独身者施設については、村瀬興雄の『アドルフ・ヒトラー』に詳細かつ要領のいい紹介があるので、同書から再度やや長く引用してみる。

この独身者合宿所は、身寄りのない、年収一五〇〇クローネ以下のもののための宿で、一九〇五年に完成した。収容者数五四四人、かなりぜいたくな施設として有名で、夜はたらく労働者のための特別な昼間就寝区画もあるが、昼間はたらく労働者の就寝区画は、昼間は閉じられていた。しかし祭日、日曜、仕事の休みの日には、昼間用の広間と部屋とが自由に利用できた。

照明は十分で、換気設備のよい休憩室、読書室、書きものをする室などが一階にあり、また食堂は三五二人分の設備をもち、二つの調理場のうちの一つは自炊者用であった。〔中略〕衣服掛け用の横棒と室内便器があることはもちろんである。館内は清潔第一がモットーで、洗濯室、シャワー、浴槽、足湯用水槽などがあり、シャワー室と浴槽室の外がわにある消毒室では、新入者が入浴して体を洗い、シラミを落としているあいだに、彼の衣服を消毒するのであった。

〔中略〕合宿所内ではゲームと放歌とが禁止され、火事をおこす恐れのあること、不道徳なことも禁止された。酔っぱらえば、その男は今後ビールとブドウ酒を飲むことを禁止された。チェスと西洋碁、ドミノだけは許されたものの、勝負事がもとで大声の議論でもはじめれば、追放される恐れがあった。

こうして、メルデマン通り二十七番地の独身者施設に住まっていた時期は、五年三ヶ月のウィーン滞在のうち約三年間(記録上は、一九一〇年六月二十六日から一九一三年五月二十四日にかけて)を占める。

この時期は、もちろんクビツェクの回想録(『アドルフ・ヒトラーの青春』)には出てこないから、(真実とはかけ離れた)ヒトラーの自著『わが闘争』の記述を除くと、絵の販売業者たちや独身者施設の利用者たちの証言くらいしか残っておらず、ますます真実は薄明かりの中にぼんやりした影を見せるだけである。

シュトゥンペル通りの下宿から「蒸発」した一九〇八年十一月からヒトラーは下宿を転々とした。そのあいだの消息はほとんどわからないが、いかがわしい「画商」であるラインホルト・ハーニッシュが一九〇九年秋に彼を現在の十二区にあるマイドリンクの浮浪者収容所で見かけている。他にいかなる証言もないのでそれを信じるほかないが、いつからいつまでという正確な滞在期間はまったくわからない。

その浮浪者収容所時代にハーニッシュと意気投合し、ヒトラーはウィーンの名所旧跡の絵を描きハーニッシュがそれらを売りさばいていた。そして、この「仕事」がよりよくできる環境を求めて、浮浪者収容所より格段に設備のいい独身者施設を選んだらしい(宿泊料は月額十五クローネであった)。ということは、翌年六月にヒトラーが独身者施設に入居登録をしたのは確かだから、これから逆算して浮浪者収容所にはその直前までいたとみなすのが自然であろう。

独身者施設時代の生活

さて、独身者施設に入ったわれらのヒトラーはどんな暮らしをしていたのであろうか？　これもまたハーニッシュの証言がほとんど唯一なのであるが、それによると、ヒトラーはいつも読書室で、黙々と読書をしているか、（売るための絵の）「制作」をしていたという。

独身者施設には一種の知的エリートサークルが築かれていて、そのメンバーは他の収容者を尻目に、政治や芸術の話に花を咲かせていたという。そうした男たちは知的好奇心にあふれるエリートなのだが、人生のどこかでボタンをかけ違え、いまは心ならずも「ここ」にいるのだ。

そうしたサークルで、ヒトラーはいつも「自分はかつて造形美術アカデミーの学生であったが、政治運動をして追い出された」と自己紹介し、さらに実科学校中退も（成績不良のためではなく）やはり政治運動のためであると嘘をついていたという。

この嘘はいかにもヒトラーらしい。なぜなら、彼がウィーン時代、画家としての道が鎖《とざ》されるにつれて政治にのめり込んでいったストーリーに、俺はもともと過激な政治運動のために頑迷で無知な市民階級から爪弾きにされたのだというストーリーを繋げると、うまく誇りが保てるのだから。

ヒトラーの嘘に長く付き合っていると、ヒトラーの独特の人格が見えてくる。それは、あまりにも誇り高い青年が、いままですることなすこと裏目に出てきたという状況において、ようやく見出すことのできた活路であり、ごく一般的にまとめればすべては「(自分ではなく)社会が悪いのだ」と解釈することである。

少なからぬ青年はそこにしがみつく。それは、自己欺瞞と言うにはあまりにも切実な自救行為である。これを(後に述べるイェッツィンガーのように)単純に「嘘だ!」と糾弾し、すべてはヒトラーが自分を騙し大衆を騙して権力を得るための戦略であり戦術であると結論するのは、読みが浅い。ミュンヘン一揆の後にはあるいはそうかもしれない。だが、ウィーン時代のヒトラーにそんな自覚はなかったに違いない。二十歳の彼は、自分を救うことで精一杯だったのだ。

そうした青年はいつの時代にもいたし、現代日本にも少なからずいる。しかし、その多くが自分に対する外からの客観的評価を無視できないのに対して、ヒトラーの天才は、自分に下された客観的評価を(心の中で)「無」にできること、それほどまでに自分を救うことに熱狂できることである。

世界の構図をすべて逆転してでも自分を救うことは「義務」なのだ。そのために必要なものなら何でも利用する。たとえ真っ赤な嘘でも。これまでの人生において度重なる負け札を引いてきた自分が、このまま終わるわけがない。この推理にさしたる理由はない。あえて言えば「自分だから」だ。

ここには、サルトルの言葉を使えば、「形而上学的自負心」（自分が何であるか、何をしたかによる自負心ではなく、ほかならぬ自分だからという自負心）が唸り声を上げている。ヒトラーは、この「形而上学的自負心」の巨大な塊であった。それが、究極的には、彼の異様なほどの「成功」の原因でもあり異様なほどの「失敗」の原因でもある。

すでに述べたように、ユダヤ人のハーニッシュと組んで看板描きや家具のデザインやウィーンの名所の絵を描いてどうにか生活し、浮浪者収容所から一段上の独身者施設に移ったが、そのハーニッシュとも売り上げ金をめぐって仲たがいした。ヒトラーがハーニッシュに依頼した水彩画の売買代金はじつは五十クローネ（シュトゥンペル通りの家賃の二・五ヶ月分、六万五千円くらいか）だったが、ハーニッシュは十クローネで売れたと偽って残金をくすねたようである。このとき、徴兵忌避で正体を隠す身でありながら、この事件を警察に届けているのも「ほほえましい」。

こうした事件から、ヒトラーはまずまずの商品価値のある絵を描いていたことがわかる。ヒトラーはハーニッシュが去ったあとも別の販売者と手を組んで絵画を販売し、宿泊料月額十五クローネの独身者施設に三年間も居住できたのだから、立派（？）である。

その後も、ヒトラーはやはり同じようにいかがわしい素性の男たちと手を組んで絵を売っていた。このあたりの情景はスウェーデン映画『ヒトラーSS／アドルフの肖像』（ジム・ゴダード監督）に描かれているが、全体を通してヒトラーを思い切り貧相に卑屈に下品に描くという意図が強すぎて、直感的に「こうではなかったに違いない」と思わせる代物である。

宰相ヒトラーとクビツェクとの再会

クビツェクは「蒸発後」のヒトラーの消息についてはしばらくのあいだ何も知らなかった。だが、ミュンヘン一揆以降、ヒトラーが次第に政治権力を握り新聞紙上に登場するようになると、クビツェクはそれがかつての親友であることを知るようになる。クビツェクは回想録の最終章で、かつてシュトゥンペル通りで部屋をシェアしていた友との再会の様子を克明に報告している。クビツェクが権力を掌握したヒトラーに手紙を出すと、思いがけず宰相ヒトラーから心温まる返事が来たのである。

親愛なるクビツェク！
今日やっと二月二日付のきみの手紙を手にした。一月以来膨大な量の手紙を受け取るので、こういうことは珍しくない。だからますます、長い年月の末に初めてきみの生活と居所がわかって、うれしい。最も厳しい闘いの時が過ぎ去ったとしたら、ぼくとしてはわが人生最良の日々の思い出をまた呼び起こしたいのだ。ひょっとしたら、きみがぼくを訪問することもできるんじゃないかな。ぼくたちの旧交の思い出を抱きつつ、きみときみの母上にご多幸を。

きみの　アドルフ・ヒトラー。（『アドルフ・ヒトラーの青春』）

まもなくクビツェクはヒトラーを訪ね、たいそう歓待され、そしてバイロイト音楽祭にまで招待されたという高揚した記述が続く。こうした経緯で、ルドルフ・ヘスなどヒトラーの側近も彼に近づき、クビツェクはあっという間にナチス政権内でヒトラーの幼馴染として特権的地位を獲得した。

　これは彼にとって気持ちのよいものであったに違いない。そのあいだに、多くのヒトラー崇拝者が彼から資料を奪おうとしたが、クビツェクはこれを死守した。ヒトラーは自分の青年期のことを聞かれると、直ちに「グストル（アウグストの愛称）に聞け！」と命じたそうである。

　こうしたヒトラーの態度も、普通の英雄の行為とはまったく異なるので、単純な精神の持ち主は面食らうであろう。普通の英雄は、ことに素性が悪ければ悪いほど、かつての自分の汚点だらけの生活を隠したがるものである。いや、それを「よいほうへ」改変したがるものである。少し時代を遡れば、（秀吉のように）嘘で固めた家系図を拵え、（ナポレオンのように）高貴な血筋の娘と結婚して、改めて自分を権威づけるものである。もはやそういう時代ではないのかもしれない。しかし、ヒトラーが「普通」でないのは、明らかに自分の恥部であるはずのウィーンでの飢えた野良犬のような生活を、唯一の目撃者である友にそのまま公開するよう要求したことである。彼の取り巻き連中がヒトラーを神格化し美談で埋め尽くしたヒトラー伝を書こうとするのを嫌って、「グストルに聞け！」と怒鳴ったのである。

これに限らない。彼は自分が実科学校もまともに出ていないことを『わが闘争』の中でも包み隠さず語っているばかりか、周囲の者にも公言していた。そんな自分でも最高権力を掌握できたことを誇っていた。こうした（いわゆる）自分のマイナス面を大衆操作のためにあえて意図的に利用したという解釈は皮相であろう。むしろ、自分は、自分の能力を見抜けなかった愚かな（実科学校の、さらには造形美術アカデミーの）教師たちの真の犠牲者だと心の底から確信していた、と考えたほうがわかりやすい。

そうなのだ。ヒトラーは確かに実科学校で劣等生であったことを屈辱的だと思っていたであろう。造形美術アカデミー入試に二度までも失敗したことに絶望したであろう。しかし、彼の特技は、後にそのすべての意味を転換して、自分はやはり「正しい」と心の底から思えることである。後に至るまで、ヒトラーは自分が建築のコンペに応募したら最高の優秀作品として評価されるであろう、と周囲の者にうそぶいていたという。同様に、自分の人間味ある青春を強調するためにクビツェクを利用したというより、むしろ宰相に上りつめてもかつての親友を大切にした、とみなすほうが腑に落ちるのである。

これに関連すると思うが、ヒトラーは総統兼宰相というドイツ最高の地位に上りつめても――他の将軍たちがジャラジャラと高級勲章を衣服のいたるところにぶら下げているのに対して――、第一次世界大戦で自分が授与された（勲章としては最低ランクの）「鉄十字勲章」のみを身に着けていた。潔癖なのか？　演技なのか？　ロマンチックな思い入れなのか？　それ以外に、特別の隠れた意図があるのか？　詮索すればするほどわからなくなるのである。

イェツィンガーの著『ヒトラーの青春』

クビツェクがヒトラーに再会してから十二年後に第三帝国は崩壊し、ベルリンは陥落し、ヒトラーは自殺した。戦後逮捕されたクビツェクはその後、経済的にも困窮して、ヒトラーとの青春の回想録を刊行した。ヒトラーの伝記を書こうと長い間計画していたF・イェツィンガー（ヒトラーとは面識がない）は、ヒトラーの友人であったクビツェクにコンタクトを求めたときに、長い時間と労力をかけて蒐集した膨大な資料を見せたが、クビツェクは自著の執筆のさいにこれらを勝手に使ってしまったという。

　戦後すべてが逆転し、ヒトラーの友人であったことは大幅に分が悪くなったこともあって、クビツェクは相当警戒して書いているが、それでもヒトラーを（そして、それ以上に自分自身を）美化している感じは否めない。イェツィンガーはこの本が出るや激怒し、大急ぎで「真実」を語る自著『ヒトラーの青春』（Hitlers Jugend）を刊行した。先にも述べた通り、クビツェクの書が出た（一九五三年）わずか三年後（一九五六年）のことである。

　こうした経緯からもわかる通り、イェツィンガーの本はクビツェクがヒトラーというペテン師を英雄に持ち上げるためにいかに真実を捻じ曲げているか、悪意の限りをもって書き立てて、ついでにヒトラー自身にも矛先を向けている。ヒトラーは悲劇の英雄を演じて大衆をだました詐欺師であり、その著書『わが闘争』の記述は自己陶酔による幻想以外のなにものでもない（こう語ることは当時どんなに歓迎されたことであろうか）、と。

　イェツィンガーは、クビツェクの回想録に記されているありとあらゆるヒトラーに関する肯定的見解を取り上げ、「それはおとぎ話（Märchen）だ！」と怒鳴り散らしている。「ヒトラーは女性を惹きつける魅力の持ち主であった」とあれば、「なら、一人のガールフレンドもいなかったのはどうしてだ？」とたたみかけ、「ヒトラーは修道士のような生活を送っていた」とあれば、「毎晩オペラを鑑賞する修道士とは恐れ入った！」

と反論し、それをさらに補強するかのように、クビツェクの記憶違いを指摘したり、彼の推理は成り立たないと難じたり……という具合で、正直読んでいてあまり愉快なものではない。

それらのうちでも彼が絶叫調で怒りをぶつけているのは、ヒトラーが困窮のあまり「補助労働者（Hilfsarbeiter）」として身を粉にして働いたという『わが闘争』にある記述である。

こんなマザコンで、根っからののらくら者が補助労働者になったなんて、まったくありえないことだ。どんな窮乏も彼を働かせることはできなかっただろう。だが、窮乏などなかったのだ。（『ヒトラーの青春』）

このように辛辣きわまりない口調でイェッツィンガーの叙述は進み、当時のヒトラーの金の入り具合を細かく検証している（孤児年金、父親からの遺産、さらに母方の親戚からの補助などであるが、瑣末なことなのでこれ以上触れない）。

そして、さらにマーザーが「ウィーン時代のヒトラーは貧しくなかった」というイェッツィンガー説の微に入り細を穿った調査をして「実証」してしまった。なお、本書でも一応この説を採っている（第一章参照）。だが、最近になって、ハーマンが、『ヒトラーのウィーン』において、それにいちいち反論し、ヒトラー研究の大勢は「それほど裕福ではなかった」という説にもう一度傾きつつあるようである。

真相はわからない。しかし、常識的に考えてみると、五百万円以上の金を有している若者が、南京虫に悩まされる下宿に住み、いつも腹をすかし、大好きなオペラでも立ち見席券ばかり購入するであろうか？　ヒトラーはそれほどの「役者」なのか？　どうも、それは違うだろうと直感する。

こうして、ふつふつと疑問は湧いてくるが、それにもかかわらずイェツィンガー説を支持する学者がこれまで圧倒的に多かったのは（わが国で出版されている定評ある研究書はすべて「ウィーン時代のヒトラーは貧しくなかった」というイェツィンガー説に加担している）、戦後ヒトラーをなるべく悪人に仕立て上げたかったからであろう。

クビツェクとイェツィンガーの勝敗

興味深いことに、いま冷静な眼で見ると、イェツィンガーの主張は、嘘つきでありペテン師であるヒトラーの化けの皮を剝がそうという執念に燃え、同時にこのペテン師の肩を持って嘘八百を並べ立てた追従者であるクビツェクに対する憎悪が煮えたぎり、その動機のさもしさが剝き出しになっていて、かえって説得力は乏しくなっている。

中でも最も「いやらしい」のは、次のくだりではないだろうか。そこにはヒトラーとクビツェクの仲を裂きたいという嫉妬すら感じられる。

先に述べたように、クビツェクの回想録は、別れて二十五年後にいまや宰相の地位まで上り詰めたヒトラーに手紙を書いたところ、思いがけず宰相閣下はかつての親友を温かく迎え入れてくれた、という記述で終わっているが、イェツィンガーは二人の感動的再会に冷水を浴びせかけるのだ。クビツェクはヒトラー失踪後、かつての友が政治家として次第に名を上げていくことを知りながら、まだ危険人物視されているあいだはまったく連絡しなかったではないか、友が宰相になった瞬間に名乗り出るとは何と計算高いことだ、クビツェクはヒトラーが三十年の時間を封印するかのように親しげな態度で迎えてくれたことに感動しているが、じつはそのすべてはクビツェクを通して自分の人間味ある青春を彩ろうという彼の策略だったのだ。ヒトラーは個人的に、もはやクビツェクのごとき男にはまったく関心がなかった。それは、このことからもわかる、あのことからもわかる……という具合に、唇を震わせてその「不正」を暴きたてようとする陰湿な攻撃は続く。

確かに、クビツェクの証言には信じがたいものもあり、彼の「賢さ」に辟易することもあるが、とにかくクビツェクの思い出からは彼が本心からヒトラーを愛していること、尊敬していることが伝わってくる。ヒトラーの異様な冷酷さと並んで、「かわいらしい」ところがふんだんに盛り込まれていて、微笑を誘うのである。

イェツィンガーの書が刊行された年にクビツェクは死んだ。六十八歳であった。彼はイェツィンガーの書を読む機会がなかった。軍配は完全にクビツェクのほうに上がったと言っていいであろう。

ルドルフ・ホイスラー

さて、ここで時計の針をヒトラーが独身者施設にいたころに戻そう。施設を出る三ヶ月前に(一九一三年二月)、ヒトラーはルドルフ・ホイスラーという五歳年下(十九歳)の青年と懇意になった。こうした彼好みの青年が定期的に現れることが不思議である。ヒトラーはかつてクビツェクを従者のごとく扱ったように、このルドルフも扱ったのである。ここでホイスラーとはどういう男か簡単に紹介することにしよう(以下、主にハーマンの『ヒトラーのウィーン』による)。

ホイスラーはウィーンのブルジョア階級の出身でいかにも「おぼっちゃん」という風貌である。だが、なぜか騒ぎを起こしてギムナジウムを放校になり、ついでに権威的な父親からも勘当され、ひとりおっぽり出された。ヒトラーは、こういう男に目をつけ、自分の手下にする才能(嗅覚)を持っている。

例えば、後のナチスの幹部にも、ハイドリッヒやゲーリンクが典型であるが、人並み以上の情熱と能力はあるが、若いころに失敗しそれを引きずっている者が少なくない。

そういう男たちをヒトラーは過去の失敗を無視して採用するのだから、彼らから慕われるのも無理はない。これもヒトラーの自己愛の反映のように思われる。自分の若いころの苦い挫折をこうした男たちに重ね合わせ、かつての自分自身を救うように彼らを救うことによって自己愛を満足させるのだ。

ホイスラーはお母さん子であり、母は父の留守中こっそり彼を家に入れていた。そして、ホイスラーはある日、ヒトラーを家に呼ぶのだ。母のイーダも十七歳の妹のエミリエも、一目見て大人びていて礼儀正しいヒトラーに惚れ込んでしまう（「独身者施設」にいるというのに！）。

ホイスラーとエミリエはヒトラーを「アディ」と呼び、ヒトラーはホイスラーを「ルディ」と呼んでいた。エミリエはヒトラーの写真を持ち続けていたらしく、彼に恋愛感情を抱いていたのかもしれない。そして、母親は、ヒトラーがミュンヘンに発つとき、息子もそれに同行することを許すのである。

ヒトラー青年は、こうして五年三ヶ月にわたるウィーン生活に決着をつけ、サンチョ・パンサを連れたドン・キホーテのように、ホイスラーを連れて一九一三年五月二十四日にウィーン西駅からミュンヘンに旅立った。

将来には何の展望もなかった。ただ、徴兵義務の年齢が過ぎて（ヒトラーは二十四歳になっていた）、腐りきったハプスブルク帝国から憧れのドイツに逃亡しようとしただけなのだ。この時点でヒトラーはまだ何者でもない。むしろ、画家になる夢を完全に鎖され、兵役忌避の罪を背負い込み、職業に結びつくいかなる技術も身につけていない……、ただの敗残者であった。だが、ミュンヘンに着いて一年後に第一次世界大戦が始まり、われらのヒトラーにようやく追い風が吹いてくるのである。

第十章　リンツ

ドナウ川沿いに位置するリンツ

そうだ、ミュンヘンへ行こう!

ミュンヘンに旅立つ時点で「ヒトラーのウィーン」は終わると読者諸賢は思われるかもしれないが、じつはそうではない。二十五年後(一九三八年三月)、ヒトラーはオーストリア併合を成し遂げたあと、ウィーンに凱旋するのだ。それについては最終章で扱うことにして、われわれはここでしばらく時間を逆行して、ウィーンに住む前の彼の人間形成を見ておきたい。

一九一三年五月二十四日、西駅を出発した二十四歳のヒトラーは、車窓の風景を眺めながら自分のウィーンでの五年三ヶ月の生活を思い返していたはずである。

すでに触れたように、西駅を出て五分もしないうちに、左手彼方の丘の上にシェーンブルン宮殿がかすんで見える。あの庭園を徘徊したことをふっと思い出したであろう。クビツェクと同居していたとき、ヒトラーは午後からのこのこ起き上がり、すでに音楽院に行ってしまったクビツェクのいない下宿からひとりシェーンブルン宮殿に向かった。まだ、造形美術アカデミーに受かっていない。そのことを友に告げていない。彼は、俺が午後造形美術アカデミーに通っていると思い込んでいることであろう。どうしようか、どうしようかと思いながら、ひたすら秋に合格するチャンスを狙っていた。

そのときからさらに五年が経った。五年三ヶ月のウィーン生活はいったい何だったのか？　失敗の連続であった。悲惨であった。まったくの誤算であった。眼前ではしゃいでいるホイスラーに適当に話を合わせながら、ヒトラーの脳髄はウィーンの総決算をしようとフル回転していたように思われる。

五年三ヶ月のウィーン生活で何も得るものはなかった。あえて言えば、得たものは「最も過酷な人生の学校」（『わが闘争』）を卒業したことだ。四年半前に、置き手紙も書かずに下宿を出てしまったが、クビツェクはさだめし驚いたことであろう。だが、彼のことだからそれなりの理由があるとわかってくれるに違いない。それにしても、クビツェクはいまごろどうしているのだろう？

シュトゥンペル通りを去って一年後、ついに浮浪者収容所にたどり着いたころが、ヒトラーのウィーン生活において最も過酷なときであった。下宿代も払えず、時には路上生活さえ体験したようである。

オーストリアに対する愛とハプスブルク帝国に対する憎悪

ウィーンを発つとき、ヒトラーはある程度の金を所持していた。ヒトラーのその時々の所持金については研究者のあいだでさまざまに意見が分かれているが、ここでは――彼は四月二十日に二十四歳になったから――五月十三日に待ちに待った父親の遺産六百五十二クローネ（約八十五万円）がようやく入った、というハーマンの説に従っておく。

この金でやっと、自分を痛めつけ虫けらのように扱ったウィーンから、腐り果てたハプスブルク帝国から離れ、憧れのドイツ人のドイツ帝国に移ることができる。では、なぜミュンヘンなのか？

自然にドイツ帝国内の最も近い大都会を選んだとも言えるが、なおミュンヘンの美術学校に進む夢を捨てていなかったという説もある。その当時は、政治家になりたいという志はまったくなかった。『わが闘争』の第七章で、第一次世界大戦においてあれほど真剣に戦ったのにドイツは敗れ、「憤激と恥辱の耐え難い感情が額に燃え上がり」ついに「私は政治家になろうと決意した」（同）と結んでいる。ヒトラーは前線で毒ガスをまともに浴びて一時失明の危機にまで直面し、画家になることを最終的に諦めたという見解もあるが、真意は（たぶん、彼自身にも）わからない。

こうして、ヒトラーはウィーンでの失敗を取り戻すべくミュンヘンに望みを託し、徴兵忌避を続けているわが身を当局が発見する可能性に一抹の不安を抱きながら（すでに追検査の二年も過ぎていた）、ミュンヘン行きの列車に乗り込んだのである。

西駅を出てからの車窓に広がる風景は童話の世界のように美しい。なだらかな緑の丘が波のようにうねっている草原や麦畑が続き、所々赤い屋根の家々が点在し、その真ん中に白い壁の教会が屹立する。ヒトラーは野良犬のようなウィーンでの生活から解放されて、こうした光景に心を洗われるような気持ちがしたことであろう。ずっと後の呟きはこのときの心境でもあったのではないだろうか？

そうだ、私の生まれた国はドイツ帝国中でも最高に美しい国だ。だが、オーストリア一国だけで何ができたというのだ？　オーストリア人として私には何ができたというのだ？〈一九四二年二月二十二日〉（『ヒトラーのテーブル・トーク』）

故郷のオーストリアに対する愛は『わが闘争』の中にも見られる。

そのころ、すでに私はこの認識〈オーストリアの滅亡〉から帰結を引き出していた。それは、私のドイツ・オーストリアの故郷に対する熱烈な愛と、オーストリア国家に対する深い憎悪である。

まもなく右側の車窓いっぱいにメルクの壮大な修道院が姿を現す。リンツまでのちょうど半分の距離である。ヒトラーは列車が滑り込むリンツ駅のホームを、窓から見える故郷リンツの街並みをどんな気持ちで眺めたことであろう？　五年三ヶ月前に、期待に燃えてこの駅からウィーンに向かったのだ。

そして、俺はいま反対方向に向かっていく。俺にこれから何が待ちかまえているか、まったくわからない！

俺はドでかい仕事をしてここに戻ってくるぞ。それまで、さようなら、わが故郷よ！

過ぎ行くリンツの街をじっと眺めながら、二十四歳のヒトラーは心の中でこのように呟いていたのではないだろうか？

ヒトラーの理想都市リンツ

二〇〇九年春に三十年ぶりにリンツに降り立ってみた。駅舎と駅前の光景は、かつて訪れたときとは一変していた。駅舎はヒトラーが夢に見たような銀色に輝く現代建築であり、まるでヒトラーの「臭気」を消すかのような明るく清潔な建物である。その前のだだっ広い空間に面して幅の広い道路が何重にも走っていて、同じような無機的な高層建築がぽつんぽつんと建っている。趣があるとは言えない。むしろ、なぜかというくらい非個性的で無機的な空間である。

リンツは現在人口十八万ほどの小都市で、旧市街には中央駅から徒歩でも二十分くらいで達する。ドナウ川に面した長方形のハウプト広場に沿って、ショートケーキのように華麗な（かわいい）家々が並んでいる。そこに市内観光用の遊園地を走るような黄色いトロッコ列車が待機している。もちろん、この街の観光案内所を訪れても、あらゆる（かどうかは知らないが）観光ガイドブックも、ヒトラーについてはひとことも触れていない。

だが、ここリンツは間違いなくヒトラーを育てた街なのだ。ヒトラーが足繁く通っていた歌劇場＝州立劇場（Landestheater）は、その広場からちょっと離れた場所にある。

リンツの中央駅とハウプト広場のあいだのフンボルト通り31番地に、ヒトラーの住んでいた建物が残っている

そして、中央駅とハウプト広場とのあいだのフンボルト通り三十一番地に、ヒトラーの住んでいた家がそのまま（現在使用中の住宅建築として）残っている。四階建てのピンクがかった薄褐色の小綺麗な建物である。ヒト

ラーはこの家から後に川向こうの一軒家に移った。クビッェクの住んでいた家は、さらにハウプト広場に近い下町にある（が私は確認できなかった）。

ドナウ川沿岸には現代建築様式の巨大な美術館が建設されていて、その向こうには小高い丘に赤い屋根の家々が点在している。その丘へはおもちゃのような登山電車で頂上まで至ることができ、そこからドナウ川の向こうに広がるリンツの市街を展望することができる。

ヒトラーはリンツに大規模な都市計画を実施し、ウィーンに負けない芸術の中心都市にしたかった。彼にとっては、ベルリンもウィーンもどうでもいいのだ。リンツこそ彼にとって理想の都市なのであった。

皮肉なことに、現代のリンツはヒトラーの夢を実現しつつある。理想的な環境に恵まれ、古いものと新しいものが程よく調和し、あくまでも機能的で清潔で小綺麗である。美術館はウィーンのどの美術館も及ばないすばらしいロケーションにあり、ああ、ヒトラーがこれを見たらどんなに喜ぶことであろう、と不謹慎ながら（？）想像した。そして、現在わが国で発刊されている旅行案内書の「リンツ」の項目には、「ブルックナーが活躍した都市」とは書かれていても「ヒトラーが少年時代を過ごした都市」とは書かれていない。

正真正銘の劣等生

ヒトラーはブラウナウで生まれたが、それから十八歳でウィーンに移り住むまでのあいだに、パッサウ、ハーフェルト、ランバッハ、レオンディング、リンツと転居を重ねた（すべて約五十キロメートル四方に入る地域である）。

国民学校（Volksschule）では成績優秀であったヒトラー少年は、リンツの実科学校（Realschule）——同じ学校に哲学者のヴィトゲンシュタインがいた——に入るや否や成績がガタ落ちになった。第一学年では数学と博物（理科）が不可のため留年し、もう一度第一学年を修めたが、第二学年では数学がまた不可、そして第三学年ではフランス語が不可であった。

母親は最後の望みをつないで、リンツから四十キロメートルも離れたシュタイアーという田舎にある実科学校に息子を転校させた。だが、ヒトラーはそこでもついていけなかった。シュタイアーの実科学校における第四学年の全成績が残っているが、自由画（美術）が秀、体操が優、物理が良である他は、宗教、地理・歴史、化学が可であり、ドイツ語、数学、速記が不可であり、また素行は良であり、努力は可であった。そこで、学校側は最終的にヒトラー少年を退学処分にしたのである。

ずっと後のことだが、ヒトラーは教師たちを次のようにこき下ろしている。

私が教わった先生たちのことを思い出してみると、そのほとんどが少しいかれていた。もちろん例外もなかったとは言えないが、それにしても半狂人の教師どもに多くの若者の行く手が遮られているのだと考えるといたたまれない思いがする。〈一九四二年三月三日〉（『ヒトラーのテーブル・トーク』）

想像がつくだろうが、私は教師には大変評判が悪かった。外国語の才能はまったくなかった――もっとも教師がどうしようもないバカでなければ何とかなったであろうが。それに、私は彼を見るのも嫌だったし、正直なところ彼もそうだったらしい。むさ苦しい顎鬚の陰に脂染みて汚れて黄ばんだ襟が見える。とにかくおぞましかった。私がフランス語の単語を一つも覚えないといって彼は怒り狂った。十三、四の利発な少年たちは長年の教師生活で擦り減った教師などいつでも乗り越えられるものだ。教師たちは暴君で若者への思いやりなどなかった。彼らの目的はただ一つ、われわれの頭に知識を詰め込んで、自分たちのような頭でっかちの猿に仕上げることだ。独創性のかけらでも見せた生徒は、とことん迫害された。〈一九四二年九月七日〉（同書）

確かに、当時の実科学校（いや広く初等中等学校）には権威的で頑迷な教師は少なくなかったと思われる。それにしても――私も長年教師を務めたのでよくわかるが――、ヒトラー少年は教師にとって困った生徒、それどころかきわめて嫌な生徒であったことだろう。教師をじっと観察して頭から馬鹿にし、ちょっと注意すると無闇に反抗的な態度を見せる。いかなる「餌」にも飛びつかず、自分の悪い成績を少しも意に介さない。中には、そんなヒトラー少年を多少好意的に見ていた教師もいた。例えば、前にも引用した歴史の教師レオポルト・ペッチュである。しかし、そんな彼であっても燃えるような瞳で授業を受けているこの少年に、成績としては可をつけるしかない理由もわかる気がする。ヒトラー少年は夢想的で先入見が強く、驚くほど「主観的」であった。その惨憺たる成績の原因は、結局一つに収斂するように思われる。それは、他人を理解する能力を絶望的に欠いていることである。

秀才とは、教師の思惑も教科書の思惑も読め、その背後の価値観も読め、そうして自己をそれに向かって調教することのできる者のことである。ヒトラーには恐ろしいほどその才能がなかった。自分が思い込んだことがすなわち真理であれば、他人は必要ない。このころヒトラー少年には一人の友達もいなかった。

このことと彼の独特の「虚言癖」とは密接に関連している。彼は、『わが闘争』において、そのころ重い肺結核に罹って、一年休学しなければならず、それが成績不振さらには退学の原因であると語っている。だが、当時ヒトラーが重い結核に罹った形跡がまったくないこと（つまりすべてが嘘であること）は、イェツィンガーはじめ諸研究者のあいだで一致している。

興味深いのは、そう記すヒトラーにはさしたる悪気がないことである。彼にとっては（とりわけ目撃者と証拠のないところでは）、「そうありたい」と願ったことが、そのまま真実なのだ。それは、自分でも本当にそうであったと思い込めるほど「自信に満ちた」嘘なのであるから、他人はあっさり騙されてしまうのだ。

進学に関する父親との対立

ところで、ヒトラーがこれほどまでに実科学校に反抗したのには、納得できる理由がある（これも『わが闘争』によるのだから完全な信憑性はないが）。父アロイスは息子を自分と同じ官吏にしようと望んでいた。そのためには、国民学校を卒業したらギムナジウムに進み大学の法学部を出るのが一番である。

だが、ヒトラーはそのころから画家になりたかった。彼がおずおず告白するや、父は激しくそれを拒否した。だが、結果として父と子はヒトラーが実科学校に進むという妥協案に落ち着いた。実科学校なら、一方で、そこから大学にも進めるし、他方、製図やデッサンなども学べて造形美術アカデミーへの道も開かれているからである。だが、実科学校はまったく面白くなかった。

とりわけ、父が一九〇三年一月に突然死ぬと（ヒトラーは第二学年で十三歳であった）、実科学校で学ぶという義務感は急速に色褪せていった。

その後も母を悲しませたくないという一心でどうにか机にかじりついていたが、やがて田舎の実科学校に強制的に転校させられてプライドを深く傷つけられ、ますます反抗的かつ軽蔑的態度で教師たちクラスメートたちを眺めるようになり、ついに成績不振のため退学にまで至った、という筋書きに（たぶん）大きな誤りはないであろう。

こう記しながら、なんとこのすべては普通の話であろうかと再確認する。ここに研究者たちは群がって「独特なもの」を見出そうとするが、田舎の小学校のときは優等生で、都会の中学校に入ったとたんに劣等生に転じる男子はいくらでもいるし、何の根拠もないのに——いやむしろマイナスの要因のほうが多いのに——、他人を押しなべて軽蔑する十四〜十六歳の少年もごくありふれたものである。

「わが人生で最も幸福な時代」

何から何まで嫌な実科学校を退学できたことは、ヒトラーを単純に喜ばせたであろう。確かに、退学後のヒトラーには文字通りのパラダイスが待っていた。彼はその時期を「わが人生で最も幸福な時代」と呼んでいる。

アドルフ・ヒトラーの母、クララ

一九〇五年六月、母クララは広大な(約六百坪)レオンディングの館を売却して、リンツ市内の(先に紹介した)アパートに十六歳の息子ヒトラーと九歳の娘パウラそれに独身の妹ヨハンナ・ペルツルと共に移り住む。このときから一九〇八年二月にウィーンに移り住むまでの二年八ヶ月がヒトラーのリンツ時代である。

十六歳の少年は、学校にも通わず、働くこともせず、といってぐれて遊びまくるわけでもなく、毎日小綺麗な身なりをして、散歩し、読書し、時々オペラ鑑賞に行き……、という定年を迎えた老人のような生活を続けた。男友達もガールフレンドもいなかった。毎晩きちんと家に帰り、母の手料理を食べ、それで彼は至極満足だったのである。

これはまさに典型的な「ひきこもり」である。彼には基本的に他人が必要ないのだ。ひとりでいることに満足し、まったく孤独を感じないほど孤独だったとも言えよう。そんな少年に初めて同年齢の友達ができた。チェコ人の職人の子、クビツェクである。

クビツェクによるヒトラーの第一印象

クビツェクは、リンツの歌劇場の立ち見席で自分以上に熱狂的な少年に注目し、ヒトラーに初めて会ったときのことを、次のように記している。

誰か私よりもさらに熱狂的な者がいた。半ば怒りながら半ば驚きながら、私はこのライバルを観察した。彼は私と同じくらいの歳で、はっとするほど青白く華奢な少年であり、眼を輝かせて舞台の光景を追っていた。彼の服装はいつもきちんとしていて、きわめて控え目だったので、明らかに私よりもよい家の子らしかった。(『アドルフ・ヒトラーの青春』)

二人は顔見知りになり、やがて休憩時間にその日の舞台について熱心に意見交換するようになる。クビツェクはヒトラーの顔立ちを次のように詳細に語っている（これほど彼がヒトラーを詳細に観察していたことは異様である）。

鼻は鼻筋が通っていて形がよく、とくに目立つところはなかった。額は高くて広く、少し奥に傾いていた。残念なことだが、当時すでに、頭のてっぺんから額まで撫でる癖があった。ところで、こうした額、鼻、口についての平凡な描写は些細なことに思われる。というのも、彼の顔の中で眼は他のすべての部分に注意を向けなくさせるほど際立っていたからである。どう表現したらいいかわからないが、私の人生においてわが友ほど眼が完全に顔を支配している人間を見たことがない。それは母親と同じ明るい眼であった。だが、幾分硬質で射抜くような眼差しは息子においては母親以上であり、ある意味で母親を追い抜き、さらに大きな力と表現力を有していた。とくにアドルフが話をするとき、どんなにこの眼が変化に富んだ表現をするかは、不気味なほどだった。（同書）

クビツェクはこの一風変わった少年の肉体的特徴ばかりか、その性格や言動をも克明に描写している。ヒトラーは礼儀作法にとても気を使い、弁舌の才能があり、俳優の才能があり、肉体的なものをすべて軽蔑し、スポーツはまったくしなかった（歩くだけ）という。中でも興味深いのは次の記述である。

この恐るべき真面目さが他のすべての特徴を見えなくさせているようだった。……十六歳や十七歳に全然似つかわしくないまさに命懸けの真剣さで、彼は心を動かされる問題に取り組んでいた。世界は彼に対して何千という問題を提示した。それら

すべてを最高の真面目さで彼は愛し賞賛し憎み軽蔑した。笑って済ませることが彼にはできなかった。（同書）

ヒトラー観察に関してクビツェクの眼は確かである。それは、彼がヒトラーに異様な興味を抱いていたからであろう。自分よりはるかに高みにいる人間として心の底から尊敬していたからであろう。それにしても、クビツェクの表現する「恐るべき真面目さ」あるいは「最高の真面目さ」こそ、ヒトラーの性格を解明するキーワードである。ヒトラーは大真面目で第三帝国を組織し、大真面目でヨーロッパ支配を志し、大真面目でユダヤ人全滅を意図し実行したのである。その異様な真面目さに夥しい人は惹きつけられたのだ。そこに、私利私欲が一滴も含まれていない「純粋な動機」を見て取ったのである。

シュテファニーへの片想い

すでに（第二章で）語ったように、リンツ時代の思い出としてクビツェクは、当時ヒトラーは同じリンツに住む二つ年上のシュテファニーという少女にぞっこんだったことを長々と記している。彼女と付き合うためには、ダンスができなければだめだと助言すると、ヒトラーはとっさに「そんなことできるか」と拒絶したが、ある日ヒトラーの家

エファ・ブラウン

を訪ねると、ヒトラーがダンスのステップの練習をしているのを目撃した、という逸話はほほえましい。また、毎日花束をかかえてシュテファニーの通る道で、彼女を待ち伏せしていたという話もかわいらしい。

ヒトラー少年は自分の思いがかなわないので、自殺の衝動さえあったとのことである。

彼が次に自殺を思い立ったのは、姪のゲリがピストル自殺した直後のことである（一九三一年）。いずれかのときに、ヒトラーが自殺していれば、世界史は変わったことであろう（と無意味ながら思わずにはいられない）。

さて、シュテファニーであるが、残っている写真を見るとなかなかの美少女である。ゲリも、後にヒトラーに付き添い自殺の直前に結婚までしたエファ（スペルは„Eva“であるから、正式な発音は「エヴァ」ではなく「エファ」であろう）・ブラウンも、折り紙つきの美人と言っていい。ヒトラーは美人好みなのである。

だが、その愛し方は一風変わっている。（このあたりのことは最後まで推測の域を出ないが）女たちに指一本触れずに、監禁し、監視し、鑑賞するのだ。美しい花を花瓶に挿しておくように。そして、他の男が彼女たちにちょっとでも近づくとその男を殺しかねないのだ。ゲリはその地獄に耐えかねてピストル自殺をした。エファ・ブラウンも一度父親のピストルで自殺を企てた。

クビツェクと資料に関する醜い争いを展開したかのイェツィンガーが、後年シュテファニーの居場所を突き止めた。彼女に手紙を書いて当時のことを問い合わせると、シュテファニーは、当時「自分は画家になるためにウィーンに行くが、帰ってからきみと結婚したい」というような手紙を誰かから受け取ったことがある、と告白した。つまり、ヒトラーは相手も気がつかない程度の「恋の病」を長く患っていたというわけである。

この点に関しては、（イェツィンガーの悪意は見え隠れするが）たぶんそんなものだったろうという感じがする。シュテファニーへの片想いに限って言えば、これは当時どこにでもあった話にすぎない。だから、これがヒトラーの独特の「女嫌い」の原因となった、というクビツェクの解釈は皮相であろう。そうかもしれず、そうでないかもしれない。性に関して「原因」は多様をきわめ、そう早急に因果関係はつかめないのだ。ヒトラーの女に対する、すなわち性に対する態度には独特のものがあり、（すべての個人の性的嗜好はそうであるが）安直にラベリングしても何も見えてこない。

まだ何もしていない!

こうして、幸せなリンツ時代が過ぎていくなかで、ヒトラー少年の体内には「画家になるのだ!」という叫び声がいよいよ強く響き渡るようになった。一九〇六年五月、十七歳になったばかりのヒトラーは帝都ウィーンをはじめて(たぶん実地見聞のために)訪れ、翌年の九月に用意万端とばかりに造形美術アカデミーを受験したが、思いがけず不合格であった。それを知らされたとき、ヒトラーの落胆は大きかったであろう。

さらに、母クララの病状(癌)は悪化の一途をたどり、クリスマスを間近に控えた日に亡くなった。そうした逆風の中を、一九〇八年二月に、十八歳十ヶ月のヒトラーは芸術家として一旗揚げるために、ふたたびウィーンに向かったのである。

ああ、自分が大志を抱いてウィーンに向かったあのときから、五年三ヶ月が経過した。すでに二十四歳になっていた。だが、まだ何もしていない! 自分は、これからきっと何かするであろう! きっと、何か偉大なことをするに違いない! 国境を越え、そろそろミュンヘンが近づいてくる車内で、前方をじっと見つめながら、ヒトラーは堅くそう自分に誓っていたように思われる。

第十一章　ブラウナウ

ブラウナウの旧市街の市門を出てすぐの辺りにあるヒトラーの生家。その前に縦横１メートルほどの石碑がある

第一次世界大戦の勃発

一九一三年五月二十五日、ミュンヘンに着いたヒトラーは、「従者」のホイスラーと一緒にポップ夫妻という仕立て屋に下宿する。

当面はさして注目すべきことは起こらなかったようだが、翌年六月サラエヴォでオーストリア皇太子フランツ＝フェルディナントが狙撃されて死亡、オーストリアはセルビアに対して宣戦布告した。ドイツがオーストリア側につき、露・仏・英がセルビア側について、ここに第一次世界大戦が勃発した。

ヒトラーは、この知らせを歓呼して迎え、八月にドイツが参戦するやすぐにバイエルンの志願兵として前線に赴く。そして、四年もの地獄のような戦闘体験を経てドイツに生還すると、皇帝は退位し、祖国は過酷なベルサイユ条約によって骨抜きにされ、（ヒトラーの印象によると）共産主義革命の前夜のようなありさまであった。

ヒトラーは、革命容疑者を告発する仕事にありつき、そこから彼の政治生活が、ナチスとの出会いが、彼自身自覚していなかった特有の「才能」が開花した……ということはすでに（第八章で）述べた通りである。これらを詳細に追跡することは、本書のテーマの範囲を超えている。とはいえ、次の一事実に触れないで済ますわけにはいかない。

ヒトラーは兵役拒否の嫌疑で逮捕されることを恐れながら国境を越え、やれやれと胸を撫でおろしてミュンヘンに到着したわけだが、翌一九一四年一月十八日に突如ミュンヘン警察がヒトラーを連行した。そして、ただちにリンツで徴兵検査を受けることを命じた。ヒトラーは長々とした手紙をリンツ市役所宛てに書き、自分は貧しくリンツまで行く金銭的余裕がないから（これは嘘である）、国境に近いザルツブルクで検査を受けられるよう嘆願している。

同時に、今回の兵役拒否の嫌疑に関して自分に落ち度がほとんどないことを釈明しようとしている。出頭命令を受けたが、その期間が異常に短く実行不可能であった、ウィーンでの一九〇九年秋の届出は確かに怠ったが、それは極度の困窮のためであり、とはいえそのことはいまでも後悔している。翌年二回目の届けは出したが、その後当局から何の連絡も受けなかった。

手紙はこのように、ヒトラーの十八番とも言うべき嘘八百をずらずら並べたものであり、より正確に言えば、本当と解釈すればどうにか解釈できることと真っ赤な嘘とが見分けのつかない形でせめぎ合っていて、全体としてはじつに「巧妙な嘘」の塊を形成している。

この手紙には、ヒトラーの「精神」が凝集されているように思われる。「嘘を連ねてこの苦境をすり抜けよう」という明確な意志に突き動かされているのではなく、窮地に陥った瞬間、嘘を真実と思い込もうとするほとんど反射的な運動が脳髄の片隅で始まり、いつかそれが全身を支配し、精神を極度に集中させてペンを走らせた結果「巧妙な嘘」からなる文字の山がそこに産み落とされている、そんな印象なのだ。

彼は、自分がいま書き上げた手紙を読み返し、そこにいかなる意図的な嘘も見出せないと確信して、満足だったことであろう。そこに彼なりの「誠実さ」さえ見出したであろう。こういう男は、まず自分自身を魔術にかけて騙す才能を持っているから、他人を騙しているという意識さえほとんどないのである。

これに関連して想い起されるのは、ヒトラーはウィーンで金に困ると、妹パウラの年齢を詐称し、彼女に代わって自分が偽りのサインまでして、その孤児年金を奪い取ろうとしたことである。そのときも、パウラの後見人がそれを裁判所に告発すると、後見人に「パウラの孤児年金を放棄することに異議はない」というしごく冷静な手紙を書き送り、これを「人間的で高貴な行為だった」と語るのだ。

こうした出来事から推察するに、――確かに偏見が混じっていることは認めるが――、ヒトラーの嘘に対する免疫のなさは、ほぼ生まれつきのものであったと言わざるをえない。

さて、ザルツブルクでの徴兵検査というヒトラーの希望はかなえられ、二月五日身体検査を受けた。その結果、虚弱体質により「武装訓練不適応」という判定が下され、結局ヒトラーは放免された。

この事件により、彼はますます自分の生き方、身の処し方、すなわち偶然を有利な方向に導くことのできる天賦の才能を自覚したのではないだろうか？　自分は、いかなる窮地に陥ってもいずれそこから脱出できる運命に守られている。

いや、それは単純に与えられた運命なのではない。この手紙のように、自分が努力のすえに摑み取ったものである（これが、ミュンヘン一揆の失敗により投獄されながらも、洋々とした未来を思い描いていた『わが闘争』を口述していたときの実感でもあろう）。こうした魔術的にして楽観的な自己確信が、その後幾度も彼を窮地から救い、「成功」に導いたように思われる。

父、アロイス・ヒトラーの出生の秘密

時間軸に沿ってヒトラーを追跡するのはここまでである。今度は、時間軸を逆にたどり、前章のリンツ時代をさらに遡って、ヒトラーの幼年時代（国民学校入学前）を見てみよう。

この時代のことに関しては、先に掲げたW・シュトラール『アドルフ・ヒトラーの一族』と、藤村瞬一『ヒトラーの青年時代』が詳しい。とくに後者は、これ以上不可能ではないかと思われるほど詳細にヒトラーの足跡をたどっている。以下、事実に関しては、これら二書に大幅に頼っていることを断っておく。

ヒトラーは、オーストリアの西北部、ドイツと国境をなすイン川ほとりのブラウナウで生まれた。ここはチェコの国境とも比較的近いが、ヒトラーの先祖は長らくさらに東側のボヘミアに間近なヴァルトフィアテルという片田舎に住んでいた。すでに(第一章で)述べたように、父アロイスはこの寒村から勇猛果敢にも脱出する。十三歳で単身ウィーンに赴き、靴屋の徒弟から大蔵省の門衛を経て、国民学校卒の学歴ながら税関次長の地位にまで上りつめたのである。

アロイスの出生にかかわる複雑な事情については、研究者のあいだで長く論争が続いたが、最近ようやく説が定まったようである。そもそもアロイスの父親が誰か定かではない。アロイスの母マリア・アンナ・シックルグルーバーは、娘時代さまざまな家で家事手伝いをしていた。そして(当時は特別なことではないが)ある家のある男に妊娠させられた。彼女は、そうして生まれた(いわゆる私生児である)アロイスを連れて、粉ひき職人のヨハン・ゲオルク・ヒードラーと結婚する。

しかし、——不思議なことに——彼はアロイスを引き取らず、その代わりに彼の弟ヨハン・ネポムク・ヒュトラーがアロイスを里子として引き取った(だが、ヨハン・ネポムク・ヒュトラーはアロイスを入籍させたわけではなく、アロイスは私生児のままであったから、母親の姓シックルグルーバーを名乗っていた。ヨハン・ネポムク・ヒュトラーに息子はなかった。兄とは異なりかなりの財産があり、彼は後にアロイスを養子にするが、それは相当の遺産を分与することを意味する）。

事実としてわかっているのはこれだけである。しかし、兄の妻の連れ子を弟が育てるというのは異常なことであり、こうした状況から、それはじつは実子であるからに違いないという通説が生じたのである。

アロイスの少年時代については何もわかっていないが、結果として国民学校卒の学歴で上級官吏にまでのし上がったのだから、頭のいい世渡りのうまい少年であったろう。だが、きわめて複雑な家庭環境をずっしりと背負って生きていたことは確かであろう（彼は後に真実を知ったように思う）。

シックルグルーバーからヒトラーへ

アロイスの経歴において、とくに二つのことが注目される。

その一つは、のちにヨハン・ネポムク・ヒュトラーが彼を正式に養子にし、アロイスの姓がシックルグルーバーからヒトラーになったことである（当時の村民は字が読めなかったので、役所は村民の発音に基づいてさまざまな表記をしていた）。すでにアロイスは三十九歳になっており、このときまさにアドルフ・ヒトラーの「先祖」が生まれたのだ。

ヒトラーは、寒村にうごめく一族から脱出し、国民学校卒の学歴ながら独力で官吏の地位を手にした父親を深く尊敬していた。また、『わが闘争』の冒頭で、父親の職場がすぐそばにあった生誕地ブラウナウに神話的意味を与えようとしている。

いまになると、運命がイン河畔のブラウナウをまさに私の誕生の地として定めたことは、私にとっては幸運な結果である。この小さな都市は二つのドイツ国家の境界にあって、その再統合こそ少なくともわれわれ青年にとってあらゆる手段をもって実現すべき人生の課題であるように思われる！

一九三八年三月のオーストリア併合後、ヒトラーは大部隊を率いてブラウナウに乗り込んでいる。ブラウナウおよびその生家は、ヒトラーの権力掌握と共に英雄の生誕地としてドイツ各地からの「巡礼」が途切れることがなくなった。

これに対して、ヒトラーはヴァルトフィアテルを地上から抹殺し、自分との関係を完全に絶ちたかったようだ。あたかも巨大ダムを建設するさいにダムの底に村々を沈めるように、併合後、彼はそこに広大なデラースハイム練兵場を建設して四十三の市町村と六千八百人の居住者をその外に追いやったのである。

彼にとって、改姓した父親「アロイス・ヒトラー」から先祖の歴史は始まるのであり、それ以前の貧しく教養のかけらもない先祖たちは「存在してはならない」のだ！

先に（第九章で）ヒトラーは自分の乏しい学歴でさえ公言していたと書いたが、何がヒトラーにとって隠すべきものであり何がそうでないかの規準ははっきりしない。学歴は隠さないが、実科学校の成績表はすべて消去するように命じたというのであるから、統一が取れていない。ここを詮索して合理的な解答を求めても無駄であろう。ヒトラーにとって独特の規準があったとして、われわれはここでフッサールの言うように「判断中止」しなければならない。

アロイス・ヒトラーの異常な結婚歴

アロイス・ヒトラーの経歴において次に無視できないことは、彼の結婚歴であり、それは、どう見ても普通ではない。一度目の結婚は、彼が三十六歳のときであり、相手は五十歳のアンナ・グラスルであった。そして、妻が病に伏していたあいだ、後にアドルフ・ヒトラーの母親になるクララ・ペルツルに家事手伝いをしてもらっていた。同時に（クララより一歳若い）自宅階下の居酒屋で働くフランツィスカ・マッツェルスベルガーと性的関係を持ち、妻の存命中に長男（アロイス・Jr.）を出産させる。

当然、必要なくなったクララは「追放」される。そして、結婚後十年にして妻が死んだ後、彼は正式に二十二歳のフランツィスカと結婚する。だが、フランツィスカがまもなく病に倒れたので、身のまわりの世話をしてもらうためにふたたびクララを呼び戻す。そして、二度目の妻が息子アロイス（Jr.）と娘アンゲラを遺して死んだ後、二十四歳の

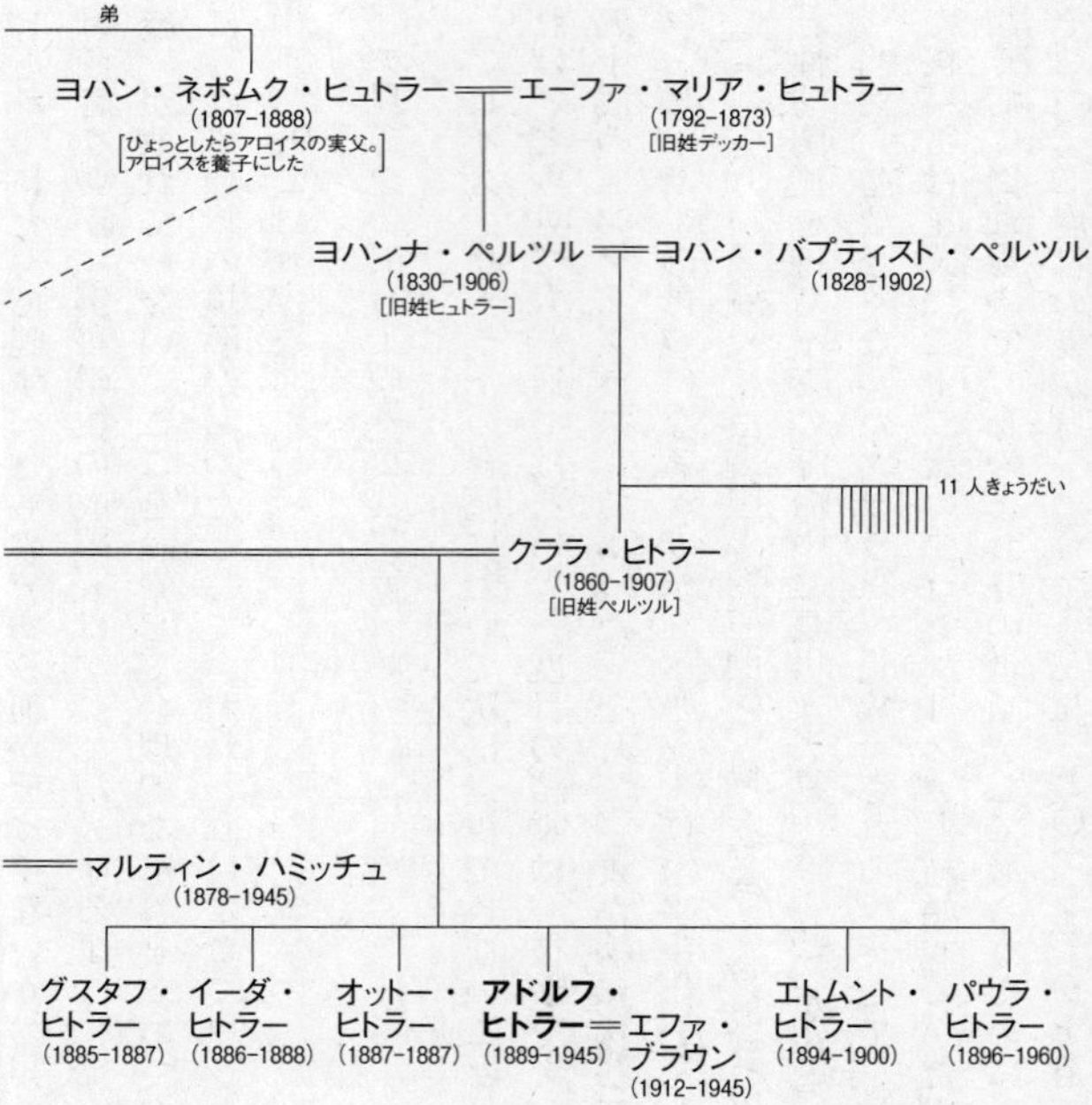

ヒトラー一族関連系図

この系図は、ヴォルフガング・シュトラール『アドルフ・ヒトラーの一族』(畔上司訳、草思社)所収の系図を元に省略と増補を施したもの

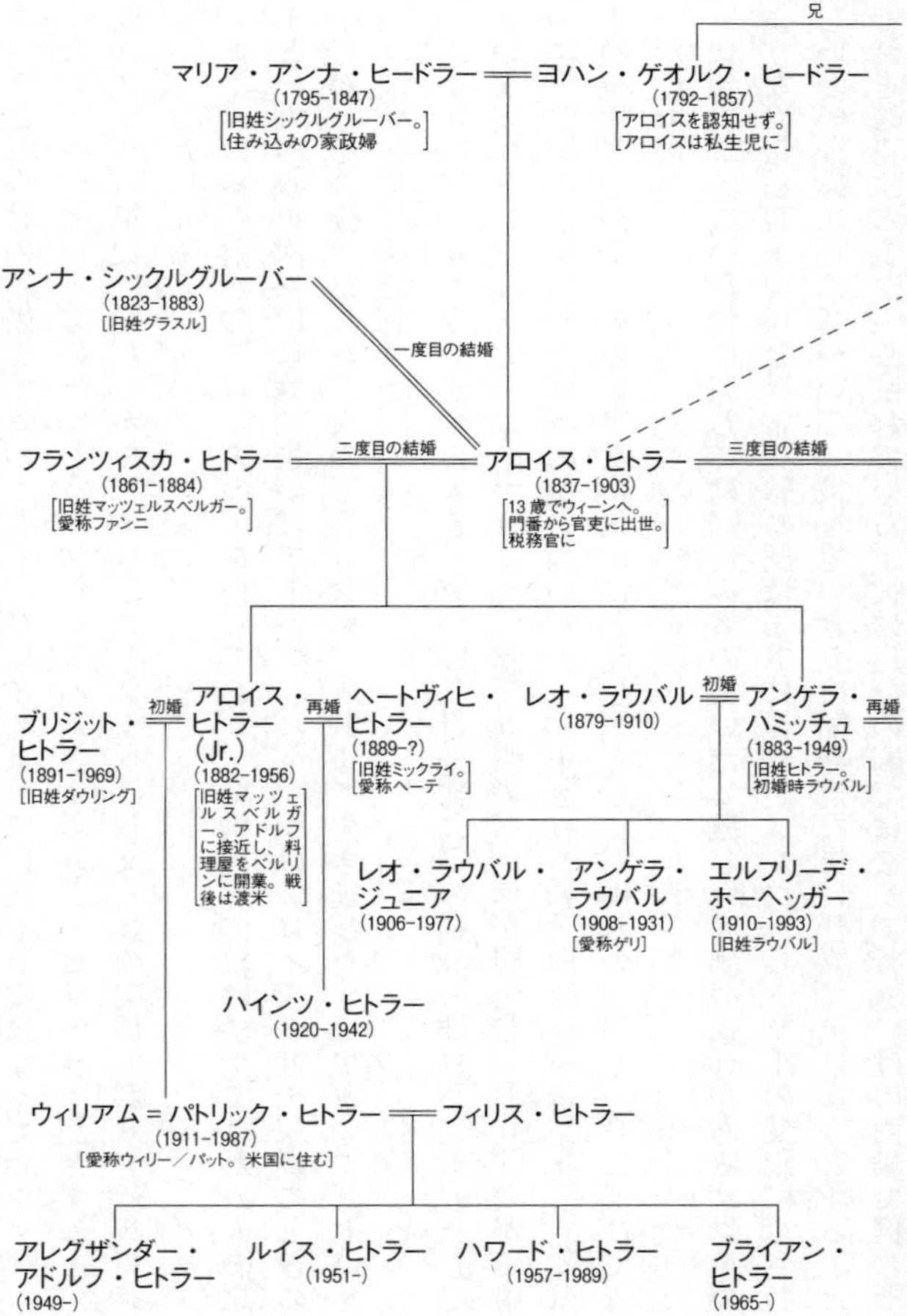
兄
マリア・アンナ・ヒードラー
(1795-1847)
[旧姓シックルグルーバー。住み込みの家政婦]
ヨハン・ゲオルク・ヒードラー
(1792-1857)
[アロイスを認知せず。アロイスは私生児に]
アンナ・シックルグルーバー
(1823-1883)
[旧姓グラスル]
一度目の結婚
フランツィスカ・ヒトラー
(1861-1884)
[旧姓マッツェルスベルガー。愛称ファンニ]
二度目の結婚
アロイス・ヒトラー
(1837-1903)
[13歳でウィーンへ。門番から官吏に出世。税務官に]
三度目の結婚
ブリジット・ヒトラー
(1891-1969)
[旧姓ダウリング]
初婚
アロイス・ヒトラー(Jr.)
(1882-1956)
[旧姓マッツェルスベルガー。アドルフに接近し、料理屋をベルリンに開業。戦後は渡米]
再婚
ヘートヴィヒ・ヒトラー
(1889-?)
[旧姓ミックライ。愛称ヘーテ]
レオ・ラウバル
(1879-1910)
初婚
アンゲラ・ハミッチュ
(1883-1949)
[旧姓ヒトラー。初婚時ラウバル]
再婚
レオ・ラウバル・ジュニア
(1906-1977)
アンゲラ・ラウバル
(1908-1931)
[愛称ゲリ]
エルフリーデ・ホーヘッガー
(1910-1993)
[旧姓ラウバル]
ハインツ・ヒトラー
(1920-1942)
ウィリアム=パトリック・ヒトラー
(1911-1987)
[愛称ウィリー/パット。米国に住む]
フィリス・ヒトラー
アレグザンダー・アドルフ・ヒトラー
(1949-)
ルイス・ヒトラー
(1951-)
ハワード・ヒトラー
(1957-1989)
ブライアン・ヒトラー
(1965-)

クララと三度目の結婚をするのである。アロイスはすでに四十七歳になっていた。なお、もしアロイスのほんとうの父親がヨハン・ネポムク・ヒュトラーだとすると、彼はクララの祖父に当たるから、アロイスとクララは叔父と姪の関係であり、近親相姦ということになる。

クララは結婚前からアロイスの子を宿しており、結婚後たて続けに生まれた二人の息子と一人の娘を次々に病気で失い、アドルフ・ヒトラーはアロイスが五十一歳のときの子だが、その後生まれた二人の子供も含め、成人まで生き延びたのはアドルフと七歳年下の妹パウラだけであった。

だから、アドルフが生まれたとき、家には父母の他に母の独身の妹ヨハンナ、そして父の前妻フランツィスカの息子アロイス（Jr.）と娘アンゲラが同居しており、やがて弟のエトムントが生まれた。その後、妹のパウラが生まれたが、同時にアロイス（Jr.）は十四歳で家を出る。その後アドルフはひとり息子として、両親の期待を一身に浴びて育ったのである。

父親アロイスの行状に関しては、研究者のあいだで激しい評価の揺れがある。以上のような異常な親子関係と異常な結婚歴はまさに怪物アドルフ・ヒトラーの父親にふさわしいという先入見に基づいて、彼を思いきり冷酷非道な男に仕立て上げようとする説と、それを修正する説が入り乱れている。彼は自分の家ではなく、行きつけの酒場で倒れそのまま息を引き取った。このことから、彼を大酒飲みとする説と酒は「たしなむ」程度だったという説が対立し、家庭を顧みず妻や子供たちに所かまわず暴力を振るう暴君であったとする説と、物分りのいい父親だったという説等々、一人の男がはっきりした人物像を結ぶことはない。

真相はわからないが、戦後ヒトラーに対する激しい憎悪がその父親像に反映して悪魔のような男を捏造し、それが次第に冷静な研究に席を譲ってきたというところであろうか。だが、はっきりしていることは、クララは夫が死んだときひどく悲しみ、自分の死にさいして夫の墓に並んで埋葬してもらいたいと願ったことであり（ふたりはレオンディングの墓地に埋葬された）、息子アドルフは父を深く尊敬していたということである。

ブラウナウを訪れる

二〇〇九年の四月と八月、二度にわたってブラウナウを訪れた。ウィーン西駅からリンツの方向に進み、リンツを越えたノイマルクト＝カルハムで乗り換え、そこから一両ないし二両の列車でローカル線（単線）を西に約一時間走るとブラウナウに着く。車窓からは、のどかな田園風景がどこまでも続いている。

一回目の訪問のさい、ブラウナウの駅前は殺風景でタクシーも見当たらなかったので、駅で地図をもらって旧市街まで歩くことにした。約二十分でシュタット広場（直訳すれ

ブラウナウの旧市街

ば「都市広場」という名の中央広場に到達、周囲をお菓子の家のように綺麗な切妻の家々が囲み、イン川の向こうになだらかな緑の丘陵が見える。思いがけず絵のように美しい地方都市である。空は青く澄み渡り初夏の太陽が照りつける。

私は川向こうの（ドイツ領の）スィムバッハまで歩いてみることにした。シュタット広場の外れに達すると、そこはもう雄大なイン川の岸辺である。対岸のスィムバッハの町がはっきり見える。長い橋を越えるともうドイツであり、何の検問所もない。ただ隣町に入っただけであった。

ヒトラーが生まれた家は、二度目の訪問のときに訪れた。それは、旧市街の市門を出たすぐの所にあり、といってもシュタット広場から徒歩五分ほどの距離で、ほとんど中心街の一角である。三階建てのクリーム色の簡素ながら小綺麗な家であり、その前に縦横一メートルほどの石碑が建っていて、そこに次の文字が刻み込まれている。

平和と自由と民主主義のために、
けっして再びファシズムの到来しないことを、
数百万の死者が警告する

帰りに本屋でグラビア入りのブラウナウの案内書を買った。前書きには、ブラウナウが十二世紀から続くいかに由緒正しい町であるかが延々と述べられており、最後に次のような記述がある。

ブラウナウに関する報告はアドルフ・ヒトラーにも言及しなければ不完全であろう。彼の両親はヴァルトフィアテルに生まれ、アドルフがようやく二歳のときにブラウナウを離れた。だが、この町には彼の生誕の家が残っている。この家は、今日ではその家の前に据えられた碑文の書かれた警告の石によって、いつまでもかつての罪滅ぼしをしている。

帰りにタクシーを呼んでもらい、若い運転手に私はヒトラーの生誕地を訪ねて二度もここに来たと言うと、自分もヒトラーの研究者でありブラウナウとヒトラーとの関係についての本をまもなく出版する予定だ、という答えが返ってきた。

ブラウナウ市民さらにはオーストリア人が総じて戦後長くヒトラーとの関係を後ろめたく思い、忘れたい、あるいは関係を絶ちたいとしてきた欺瞞的態度に対する問題提起の書だとのこと。私もまったくそう思うと賛同の意を表して別れた。

パッサウ、ハーフェルト、ランバッハ、レオンディング

それから、私はヒトラーが三歳から六歳まで過ごしたパッサウに向かった。ヒトラー一家はアロイスが転勤したことに伴い、ブラウナウから五十キロメートルほどイン川の下流に位置する（ドイツ領の）この都市に移り住んだのである。

パッサウもブラウナウと似た地形にあり、ドナウ川とイン川それにイルツ川という三つの川の合流点に建設された美しい都市である。旧市街はドナウ川とイン川に挟まれた細長い中州のような地帯にあるが、その先端に近いホテルのドナウ川とイン川を見渡せる部屋に泊まった。夜間は対岸の城跡が金色にライトアップされその光がドナウ川に反射して幻

大河にまたがる風光明媚な古都パッサウ

想的な雰囲気を醸し出していた。ヒトラー一家は、その中州地帯からイン川に架かる橋を渡った所（イン都市地区）に住んでいた。その数キロ先はもうオーストリア領である。別荘地風の一角に住所は突き止めたが、現在の家が当時のままなのか定かではない。

ブラウナウもパッサウも、後に移り住んだリンツも、大河にまたがる風光明媚な古都という共通点を持っている。これがヒトラーの原風景なのであろう。それらの都市の小綺麗で清潔な住宅地で、ヒトラーは幼年時代・少年時代を過ごしたのである。今回、ヒトラーの子供時代の住居をたどってみて、彼がウィーンの劣悪な住居に大いなる不満を抱いたであろうことが体感的にわかった。

その後（ヒトラー六歳の夏に）、一家はリンツ南西のハーフェルトに一万坪以上の広大な農場を購入して移り住む。ここに住んでいたときに、ヒトラーは家から徒歩三十分もかかるフィシュルハムの国民学校に入学したが、二年後により教育熱心なランバッハの国民学校に転校する。同時に、一家はハーフェルトの農場を（維持できずに）売り払ってランバッハに引っ越す。

そのころの写真が残っているが、ヒトラー少年が一番後ろの列の真ん中で頬を膨らませてみんなを睥睨するかのように腕を組んでいる。当時、彼は教会の聖歌隊に入っており、将来は修道院長になることを夢見ていたと伝えられている。それは実現しなかったが、重要なのは、この修道院の紋章が後のナチスのシンボルとなった「ハーケンクロイツ」によく似ているということである（ヒトラーは自ら考案したと言っているが）。

そして、さらに二年後にヒトラーは一家と共にレオンディングに引っ越すわけであり、これで彼は十歳までにブラウナウ、パッサウ、ハーフェルト、ランバッハ、レオンディングと四回も居所を変えていることになる。

きわめてストレスのたまる状況

こうして振り返ってみると、ヒトラーは経済的に恵まれ良好な環境で幼年時代・少年時代を過ごしたのであるが、権力的な父親、異母兄姉との同居、弟の死、転校、一人息子としての期待など、きわめてストレスのたまる状況にあったことがわかる。とりわけ、二年ごとの引越しは、彼の他人に対する過度の警戒感と気難しい性格の形成に何らかの影響を与えたものと思われる。

また「私ごと」で恐縮であるが、私も九州の門司市（現在の北九州市門司区）で生まれてから七歳までに、同じ福岡県の若松市（現在の北九州市若松区）、東京都世田谷区の尾山台、品川区の大井、大田区の馬込、そして神奈川県川崎市（現在の同市中原区）というように、小学一年生の夏休みまでに五回も居所を変えている。これが私のひねこびた不安定な性格の一因であると思っている。

閑話休題。

ウィーンの独身者施設にいたころ、ヒトラーは二度ほどブラウナウとレオンディングを訪れている。そして、数々の風景を油絵で描いている。二十二歳の孤独な青年は、そのときもはや父母のいない故郷で何を考えていたのであろうか？

第十二章　英雄広場

英雄広場から新宮殿を望む。広場の中央付近にはカール大公騎馬像がある

オーストリア併合

一九三八年三月十二日、ヒトラー率いるナチスドイツは国境を越え、オーストリア国内に入った。いわゆるオーストリア併合である。沿道にあふれんばかりのオーストリア国民がヒトラーを歓呼の声で迎えた。英雄を一目見ようとする途切れることのない群衆の熱狂的な瞳、その歓呼の大合唱に包まれながら、彼は何を思っていたのであろう？

オーストリア併合に関しては、「歴史事実」としてほぼ確定しているので、本書の性格からして、どこにでも書いてあることをただおさらいだけしておく。

当時、オーストリア国内において、ヒトラーのドイツ（第三帝国）との併合を望む者とあくまでもオーストリアの独立を維持しようとする者とが激しい闘争を展開していた。一九三八年二月十二日、当時のオーストリアの宰相シュシュニックは、ヒトラーによって彼の山荘のあるベルヒテスガーデンに呼び出される。オーストリア併合についての最後通牒をするためである。

シュシュニックはナチスによるオーストリア併合に基本的に反対ではなかったが、自分の立場を保つために三月十三日の国民投票を待ってからという妥協案を出した。だが、ヒトラーはシュシュニックを追い返したあと、まさに国民投票予定日の前日の午前八時、ドイツ軍の戦車隊に命令を下し、突如国境を越えオーストリアに入ったのである。

これは、ヒトラーが卑劣であったというより、ヒトラーの「読み」が確かなものだったと言うべきであろう。「その後」の四月十日に行われた国民投票によって、じつに九九・七三パーセントのオーストリア国民が併合に賛成したのだから。この場合、いかに選挙操作を講じたとしても、これほど見事な数字を出すことは不可能であろうし、何よりも夥しい当時の映像や写真が併合に手放しで賛成するオーストリア国民の喜びを示している。

ベルヒテスガーデンを訪れる

二〇〇八年夏、ベルヒテスガーデンを訪れた。ザルツブルクからさまざまなバスツアーが出ているが、ヒトラーの山荘（迎賓館）である「鷲の巣（Kehlsteinhaus）」を訪れる往復五時間のコースを利用した。

「鷲の巣」は、ヒトラー五十歳の誕生日（一九三九年四月二十日）を祝って建てられたもの。ヒトラーが政権を握った一九三三年以降、「鷲の巣」を含むオーバーザルツベルクと呼ばれる丘陵地帯に、ベルリンに次ぐ政府の中枢機関やナチスの高官たちの別荘が次々に建設された。その建設には、当時急速にヒトラーに近づいていった「オーバーザルツベルクの神（Herrgott von Obersalzberg）」と言われたマルチン・ボルマンがイニシアチブを取った。

ベルヒテスガーデンにあるヒトラーの山荘（迎賓館）「鷲の巣」

とくにこの、人間を拒絶する場所に巨大迎賓館を建設することは、ヒトラーの権力を象徴するものであった。三千人もの労働者が参加し、彼らは冬のさなか凍える身体に鞭打って道路を作り、命を懸けて断崖絶壁に建物を建てたのだった。当時の写真が残っているが、どの顔もどの顔も「ヒトラーのため」に働けることの嬉しさに輝いている。

バスでS字坂をうねうねと登り、途中ヒトラーが居住していた山荘跡（いまは跡形もない）で降り、そこで別のバスに乗り換えてエレベーターに向かう坑道の入り口に達する。そこから見上げると、「鷲の巣」はまさに天空を突き刺す絶壁の上にこしらえた孤独な鳥の巣である。

長い坑道を抜けると、燦然と輝くエレベーターが待ち構えている。そして、そこから百二十四メートル上昇し扉が開くと、すでに「鷲の巣」のど真ん中である。だだっ広い広間には、ムッソリーニから贈られた大きな暖炉がそのまま保存されていて、昭和天皇から贈呈された絨毯も資料に収まっていた。当時は豪華な長い円卓が置かれていたが、いまや安直な小さなテーブル数台とその周りにイスが並べてあるだけ。だが、窓からの景色は息を呑むほどすばらしいものである。

私は（いつもの通り）ガイドの説明もそこそこに、部屋の中をぐるぐる回り、窓からの絶景を写真に撮り……、そして、バスが出る時間を確認して、隣の食堂に入った。ビールにグラッシュズッペ（ハンガリー風スープ）を注文し、ふと周囲を見回すと、同じツアーの連中が一人もいないことに気がつく。不審に思ってちょっと食堂から外に出てみると、そこは青いアルプスの山々に囲まれ、はるか彼方まで伸びやかな緑の平地を見渡すことのできる、この世のものとも思えない絶景のただ中であった。私は食堂に戻ると、急いで食事を終え、外に出て、迎賓館の反対側に聳える山の頂上目指してずんずん歩きだした。

おりしも雲間から真夏の太陽がさんさんと照り始めた。空気までも青く透明で、周囲の景色は吸い込まれそうに美しい。山の向こうには青く光る湖（ケーニヒ湖）が半分見える。ドイツ語には「イデュレ（Idylle）」という言葉があり、あえて訳せば「理想郷」だが、まさにいま私が見ている景色こそ、ドイツ人の理想郷だと直感した。

ここからわずか五十キロメートル東には、ハプスブルク家の夏の保養地であったバートイッシュルがあり、西に百七十キロメートル向かえば、あのルートヴィヒ二世が国費を注ぎ込んで建設したノイシュヴァンシュタイン城があり、彼の建造した城の一つであるヘレンキムゼーは、ここから五十キロメートル西北のキーム湖に浮かぶ島にある。

ヒトラーにとって、アルプスの麓こそ理想の土地、まさに「イデュレ」であったのだろう。それは——この本の読者にはある程度おわかりと思うが——ヒトラーの好みをよく表している。あくまでも健康的で清潔で明るく、しかも何の技巧もないままに非の打ち所のない美しい場所なのだ。素朴な農民たちが節度を持って暮す穏やかで清楚な土地、これが、彼にとっての「ドイツ人のドイツ」を象徴するものなのであろう。

「鷲の巣」のバルコニーの籐椅子にひとりぽつんと腰掛けて、眼前の景色をじっと考え深げに見つめているヒトラーの写真が残っているが、たぶん彼はこの風景のように「美しく、ごまかしのない、健康な」国を建設したかったのであろう。その理想の対極に不潔なユダヤ人が、ウィーン世紀末の不健康で退廃した文化があったのだ。

ドイツ軍の戦車隊列がオーストリアに入ると、沿道は歓喜の声に包まれ、至るところでヒトラーはまるで救世主のような扱いを受けた。何も成し遂げず、兵役拒否の追跡をおそれながら、逃げるように西駅を発ったときから二十五年が経っていた。いまや総統兼宰相として、中央ヨーロッパにおける最高権力を掌握したヒトラーの堂々の「凱旋」である。たった二十五年で、彼は社会の底辺をうろつく浮浪者から国家の最高権力者にまで上りつめた。想像を絶する辛く厳しい道のりであった。しかし、それがウソのように報われた。

クビツェクの『アドルフ・ヒトラーの青春』に、次の興味ある叙述がある。

例えば、アドルフには、王宮と国民庭園とのあいだに位置する英雄広場は、群衆パレードにとってまさに理想的な解決を与えるように思われた。というのは、単に建物の構造からくる半円状の空間は、そこに集まる群衆を類のない形（扇状）に整列させるばかりではなく、群衆の只中にある個人がどの方向を見渡しても、大いなる記念碑の前にあるという印象を持ちえるからでもある。私は、以上の考察をアドルフのファンタジーが高揚したあげくの無益な遊びとみなしていたが、何度もこうした思考実験に付き合わねばならなかった。

英雄広場（Heldenplatz）を含む王宮全体は鉄柵を隔ててリンクに面していて、両側には国民庭園（Volksgarten）と王宮庭園が隣接している。リンクの向こう側には雄大なマリア・テレジアの銅像が聳え、銅像の両側は美術史美術館と自然史博物館である。ブルク門を潜って英雄広場に足を踏み入れると、開かれた空間の真ん中に、ナポレオンのフランス軍を破ったカール大公の騎馬像が立っている。その雄姿は、大鷲が羽を広げたような優雅な形態の新宮殿正面に向いていて、銅像と新宮殿とのあいだにまっすぐ道路が敷かれ、道端には観光用のフィアカー（二頭立て馬車）が数台客を待っている。道路に従って歩くと、やがて旧宮殿の中庭を抜けてミヒャエラー広場に出る。その向こうに世界的ブランドの店が軒を連ねるコールマルクトが延び、突き当りを右に曲がればグラーベンである。

英雄広場の大部分には芝生が敷き詰められ、人々はそこでサッカーを楽しんだり、犬と戯れたりする。夏の昼間、若者たちは上半身裸になって日光浴をしている。

一九三八年三月十五日、ヒトラーは十万人のウィーン市民を前に、ここで演説をした。まさに「英雄広場」に真の「英雄」を迎えて、眼を輝かせ歓喜に酔いしれている人々の渦。カール大公の銅像の足許にも、木々の上にも、まさに立錐の余地もない群衆の波。そして、ヒトラーが新宮殿のバルコニーに現れるや否や、雷鳴のような大歓声が湧き上がる。

1938 年 3 月 15 日、ヒトラーは英雄広場に集まった 10 万人のウィーン市民を前に、新宮殿のバルコニーで演説をした

彼が演説を始めると、ぴたりとざわめきは止む。彼の口調は——いつもの通り——はじめ節度を保っているが、次第に激しくなり、やがて怒鳴り声に、絶叫に変わっていく。彼が一センテンス終えるごとに怒濤のような拍手と歓声。涙まで溜めて聞き入る十万の人々の前で、ヒトラーはますます興奮し、ますます自己陶酔に向かっていく。演説は完璧であり、大成功であった。ヒトラーは、いつにも増して満足な表情でバルコニーを去る。それでも、なお歓呼の声は英雄広場全体に鳴り響いている。

俺はついにウィーンに勝った?

その夜、ヒトラーは国賓クラスが利用するウィーン最高のホテル・インペリアルに泊まった。その正面の左後方は広大なシュヴァルツェンベルク広場である。

ふたたびクビツェクの証言より。

アドルフは、シュヴァルツェンベルク広場をとても愛していた。時々われわれは、宮廷歌劇場の休憩時間にこの広場まで走っていき、夜の闇からメルヘンのように噴き上げる光輝く噴水に感嘆していた。これは、彼の趣味に完全にかなったスペクタクルだった。泡立つ大量の水が絶え間なく噴き上がり、さまざまの色のサーチライトがあるときは水を燃えるような赤に、それからきらきら光る黄色に、そしてふたたび青に輝かせていた。色と運動が信じられないほど豊かな陰影と光の効果をかもし出し、非現実的な、いや超地上的な雰囲気さえ広場全体に与えていた。（『アドルフ・ヒトラーの青春』）

シュヴァルツェンベルク広場は、いまでもまったくこの記述の通りである。国立歌劇場からホテル・インペリアルまでが、リンクのうち最も高級な所であり、当時から貴族や上級ブルジョアが住んでいた。

国立歌劇場の反対側は、空襲をまともに受けて、いまでは無味乾燥で安直な灰色のビルが建っているだけであるが、シュヴァルツェンベルク広場に近づくにつれて、両側の建物は華麗になっていく。やがて、南駅に向かう市電Dが右側に大きく曲がって行く大広場に出るが、これがシュヴァルツェンベルク広場である。

ホテル・インペリアルとリンクを隔てた反対側のカフェ・シュヴァルツェンベルクは、古典的ウィーンの雰囲気を維持している人気の高いカフェであるが、その前を右に折れ市電Dの進む方向に歩いていくと、たちまち壮麗で豪華絢爛な白亜の建物群に囲まれる。まさに富と美が集中する場所であり、広場の真ん中にクビツェクの記述通りの噴水がある。

ホテル・インペリアルは意外に小ぶりで、ケーキを入れる四角い箱のような建物であ

夜のホテル・インペリアル外観

る。その裏側に道路を挟んでウィーンフィルハーモニーの本拠地である楽友協会（Musikverein）がある。薄紫色の壁が印象的な清楚な建物である。

歌劇の幕間に宮廷歌劇場からシュヴァルツェンベルク広場まで来るたびに、ヒトラーは右手にホテル・インペリアルの雄姿を眺めたことであろう。ときおり賓客のために大勢の警官が護衛していて、国家元首が泊まっているときには、国旗をはためかせた車の壮大なパレードがそこから開始される。ヒトラー青年は、二十五年後にドイツの国家元首としてそこに泊まることになろうとは、当時夢にも思っていなかったに違いない。

　取り巻き連中から離れて、ホテル・インペリアルの豪華な部屋のバルコニーに出て、右にゆるやかにカーブする街灯（電灯）に照らされるリンクを眺めながら、彼は何を思っていたのであろう？　あれから二十五年が経った。ついに俺は、俺の全身を思うままに痛めつけたウィーンに勝った。だが、この勝利感には一抹の苦さが混じっていたような気がする。画家になる俺の夢を徹底的に奪い、いま俺の足許にひれ伏す「ウィーン」という名のこの怪物はいったい何なのか？

　あるいは、さらに想像力を逞しくすると、ホテル・インペリアルの一室で、ヒトラーの脳裏に一瞬「もし俺があのとき造形美術アカデミーに合格していたら」という思いが去来したのではないだろうか？　もしかしたら、そのほうがずっと幸せだったかもしれない。誰にも気兼ねせずに、好きな絵を思う存分描ける人生のほうが……。ヒトラーはこの夜どんな夢を見たのだろう？　この夜、彼が死んでいれば、彼は地上で最も幸福な男だったかもしれない。

　翌年九月ポーランド侵攻とともに第二次世界大戦が勃発、そして、六年後の四月三十日にベルリンの地下壕で、前日ヒトラーの正式な妻となったエファと自殺を遂げる。こうして、ウィーン凱旋から七年後に、彼の夢は完全に潰えるのである。

あとがき

本書の執筆を通じて、あらためて身に染みてわかったことがある。それは、ひとりの個人を具体的な行動に駆り立てたもの（動機、意志、意図、衝動）など、どんなに研究しても所詮「わからない」ということである。また、その人が、なぜある事柄Aにおいては努力の限りを尽くしても不思議なほど無残な失敗を重ね、なぜ他の事柄Bにおいては、思いがけない扉が次々に開かれて、成功に成功を重ねるのか、本人にもわからないということである。これは、ヒトラー自身が一番よく知っていたであろう。

少年時代から恋い焦がれるほど画家になりたかった。そのために用意万端ウィーン造形美術アカデミーを受験したが、どうあがいても彼に門は開かれなかった。その後、屈辱的な思いをしながらウィーンに留まったが、何をしてもうまくいかず、ついには路上生活者にまで転落した。だが、必死に生きてきた彼に、どんな落ち度があったろう？

ウィーンから負け犬のように退散しミュンヘンに至ったとき、第一次世界大戦が勃発、何も捨てるものがない彼は、ドイツとドイツ国民、そして自分自身を救うために銃を取った。だが、四年後に帰還してみると、祖国は瓦礫の山、軟弱な政府はドイツを破滅させるほどの過酷な条約を呑み、共産主義革命を企む悪魔どもは跋扈し、そして四年間も生命を賭して最前線で戦い抜いた彼には、一個の「鉄十字勲章」以外何も与えられなかった。祖国のために身を賭して戦い、失明の瀬戸際まで追い詰められた戦士を、誰も尊敬してはくれない。むしろ、彼は使い古しの鉛の兵隊のように路上に捨てられたのだ。

これまでの彼の企てはすべて裏目に出た。やがて三十歳である。このとき（一九一九年）、ヒトラーが神を呪い、すべてをあきらめ（自殺を含め）破滅に至らなかったことが不思議でさえある。

そして、その直後を境にして、ヒトラーの人生はそれまでの下降線を取り戻すかのように、急カーブを描いて上昇し続けるのである。一九一九年九月、その年初めに設立されたドイツ労働者党（後のナチス）に入党、その演説が魔力のように聴衆の共感を呼ぶことにより注目され、一九二一年七月には党首になる。一九二三年十一月八日のミュンヘン一揆は失敗したが（ヒトラーは監獄で『わが闘争』を口述筆記させる）、このときから一国の宰相になるまではわずか十年である。

一九三四年八月、ヒトラーは総統兼宰相として全権力を掌握する。この時期のことは、本書のテーマを越えるが、少年時代・青年時代を通じて、まったくの「落ちこぼれ」で、後の「成功」の片鱗も示さなかった男が、あっという間に運命の女神の寵愛を全身に受けてするすると最高権力者にまで上り詰める。こういう人は、私の知る限り他にいない。あらゆる英雄は、少なくとも青年時代には、「双葉より芳しい」ものを持っているが、ヒトラーの場合、三十歳までそのほのかな香りさえないのであるから。

ヒトラーの人生は、あらゆる推量を、あらゆる因果的説明を、あらゆる歴史解釈を、せせら笑うかのように、その彼方にある。どう説明しても説明しきれない膨大な「余り」が残る。うまく説明すればするほど、くるりと舞台は転じてすべてが嘘らしくなるのである。彼自身、なぜ自分が「このような」人生を歩みえたのか、不思議であったに違いない。ヒトラーは、いまなお凡百の説明を拒否して、それ自体として謎のまま聳え立っている。彼の人生の秘密を解き明かすことは、たぶん永遠にできないであろう。そして、そこに彼の最大の秘密はあるのだ。

藤村瞬一によると、一九四四年の空襲で「ウィーンの防空司令部が高射砲の増強を要請したのに対し、ヒトラーは『ウィーンは安んじて空爆を経験すればよい』と要請を拒否した」(『ヒトラーの青年時代』)そうである。ヒトラーが最も感謝し愛していた街、それはウィーンであり、彼が呪いたいほど憎んでいた街、それもウィーンなのだ。

もしかしたら、彼はソ連軍が迫るベルリンの総統地下壕で、ウィーンでのクビツェクとの短い青春の日々を人生の最も美しい日々として懐かしんでいたのかもしれない。あのとき、俺には何も与えられていなかった。貧しかった。だが、何でも聞いてくれる友がいた。画家になるという将来の夢があった。

いったい、どこで間違えてしまったのか？　どこで、俺は巨大な怪物に変身してしまったのか？　あの慎ましい希望に満ちていた日々に戻ることができるなら、何でもしよう。あの青春の日々を、いやその一日でも取り戻せるなら、ファウストのように、悪魔と契約して死んでもいい。だが、もう手遅れなのだ……。

二〇一一年九月十六日

最後のオーストリア皇帝の息子、オットー・フォン・ハプスブルクの葬儀から二ヶ月が経って

ウィーンにて　中島義道

主要参考文献一覧

(1) ヒトラー／ナチズム関係

『自由からの逃走』E・フロム、創元社、1951
『強制収容所における人間行動』E・A・コーエン、岩波書店、1957
『夜と霧』フランクル著作集・第1、V・E・フランクル、みすず書房、1961
『ワイマル共和国――ヒトラーを出現させたもの』林健太郎、中公新書、1963
『若きヒトラー』小笠原久正、芳賀書店、1969
『わが闘争』（上・下）A・ヒトラー、角川文庫、1973
『ヒトラー自身のヒトラー』W・マーザー、読売新聞社、1974
『ナチ・エリート』山口定、中公新書、1976
『アドルフ・ヒトラー』村瀬興雄、中公新書、1977
『ヴァーグナー家の人々』清水多吉、中公新書、1980
『ゲッベルス』平井正、中公新書、1991
『ヒトラーのテーブル・トーク 1941-1944』（上・下）A・ヒトラー、三交社、1994

『エリーザベト・ニーチェ』Ｂ・マッキンタイアー、白水社、１９９４
„Hitlers Wien" B. Hamann, Piper, 1996
『ヒトラーという男』Ｈ・シュテファン、講談社選書メチエ、１９９８
『アウシュヴィッツ収容所』Ｒ・ヘス、講談社学術文庫、１９９９
『ゲシュタポ・狂気の歴史』Ｊ・ドラリュ、講談社学術文庫、２０００
『健康帝国ナチス』Ｒ・Ｎ・プロクター、草思社、２００３
„Hitler" R. G. Reuth, Piper, 2003
„Hitler" J. Fest, Ullstein, 2004
『ヒトラー第二の書』Ａ・ヒトラー、成甲書房、２００４
『ヒトラーの青年時代』藤村瞬一、刀水書房、２００５
『アドルフ・ヒトラーの青春』Ａ・クビツェク、三交社、２００５
„Im Heimatkreis des Führers" F. Schwanninger, Steinmassl, 2005
『アドルフ・ヒトラーの一族』Ｗ・シュトラール、草思社、２００６
『ヒトラーの秘密警察』Ｒ・バトラー、原書房、２００６
『独裁者ヒトラーの全貌』村瀬興雄他、荒地出版社、２００６
„Hitlers Judenhass" R. G. Reuth, Piper, 2009

（２）反ユダヤ主義関係

『ユダヤ人』J－P・サルトル、岩波新書、1956
『ユダヤ人』村松剛、中公新書、1963
『イェルサレムのアイヒマン』H・アーレント、みすず書房、1969
『性と性格』O・ヴァイニンガー、村松書館、1980
『ユダヤ人』上田和夫、講談社現代新書、1986
『ユダヤ人とドイツ』大澤武男、講談社現代新書、1991
『ヒトラーとユダヤ人』大澤武男、講談社現代新書、1995
『ホロコーストの罪と罰』M・ヴォルフゾーン、講談社現代新書、1995
『面白いほどよくわかるユダヤ世界のすべて』中見利男、日本文芸社、2003
『ユダヤ・エリート』鈴木輝二、中公新書、2003
『戦後ドイツのユダヤ人』武井彩佳、白水社、2005
『反ユダヤ主義の歴史』I～V巻、L・ポリアコフ、筑摩書房、2005～2007
『私家版・ユダヤ文化論』内田樹、文春新書、2006

(3) ウィーン関係
『ウィトゲンシュタインのウィーン』S・トゥールミン、A・ジャニク、TBSブリタニカ、1978
『世紀末ウィーン』C・E・ショースキー、岩波書店、1983

『ウィーン・都市の万華鏡』池内紀、音楽之友社、１９８３
『青きドナウの乱痴気』良知力、平凡社、１９８５
『ウィーン精神』（１・２）W・M・ジョンストン、みすず書房、１９８６
『ビラの中の革命　ウィーン・１８４８年』増谷英樹、東京大学出版会、１９８７
『世紀末ウィーンの精神と性』N・ワーグナー、筑摩書房、１９８８
『ウィーンの青春』A・シュニッツラー、みすず書房、１９８９
『ウィーン物語』宝木範義、新潮選書、１９９１
『フロイトのウィーン』B・ベッテルハイム、みすず書房、１９９２
『ウィーン大研究』原研二他、春秋社、１９９２
『歴史のなかのウィーン』増谷英樹、日本エディタースクール出版部、１９９３
『ウィーン　ブルジョアの時代から世紀末へ』山之内克子、講談社現代新書、１９９５
『ウィーン　「よそもの」がつくった都市』上田浩二、ちくま新書、１９９７
『ウィーンの内部への旅――死に憑かれた都』G・ロート、彩流社、２０００
『観光コースでないウィーン』松岡由季、高文研、２００４

（４）ハプスブルク／オーストリア関係
『特性のない男』R・ムシル、世界文学全集Ⅱ―23、河出書房新社、１９６４
„Rudolf" B. Hamann, Amalthea, 1978

『ハプスブルク家』Ａ・ヴァントルツカ、谷沢書房、１９８１
„Elisabeth" B. Hamann, Amalthea, 1982
『ハプスブルク帝国史入門』Ｈ・コーン、恒文社、１９８２
『中世最後の騎士　皇帝マクシミリアン一世伝』江村洋、中央公論社、１９８７
『ハプスブルク家』江村洋、講談社現代新書、１９９０
『中欧の復活』加藤雅彦、ＮＨＫブックス、１９９１
『ハプスブルク家の女たち』江村洋、講談社現代新書、１９９３
『ハプスブルクの実験』大津留厚、中公新書、１９９５
『チタ』Ｇ・ペカール、新書館、１９９５
『オーストリア・ファシズム』Ｅ・タロシュ、Ｗ・ノイゲバウアー編、未来社、１９９６
„Zita" J. Sevillia, Piper, 2000
„Otto von Habsburg" S. Baier/E. Demmerle, Amalthea, 2002
『神聖ローマ帝国』菊池良生、講談社現代新書、２００３

＊洋書については、邦訳のあるものは邦訳書のみ、邦訳のないものは原書を掲示した。

解説

加藤尚武

大久保清は連続殺人犯であった。一九七一年に画家を装い、若い女性に近づき自分の車に乗せ、強姦、殺害した。二か月足らずのうちに八人が被害に遭った。テレビのニュースでは「この男についてどう思いますか」という質問が若い女性に向けられるという場面が何度も映されたが、例外なしに「けだもの！」とか「人間じゃない！」とかの拒絶感情の表現が飛び出した。要するに普通の枠組みでは理解できないから、なんとか異常者、例外者という枠組みに押し込んでしまうという態度である。

ユダヤ人の大量殺人の責任者アドルフ・アイヒマン（一九〇六―一九六二）について、政治学者のハンナ・アーレント（一九〇六―一九七五）が、アイヒマンを小心な凡人として描いたルポルタージュ『イェルサレムのアイヒマン』（一九六三）が、ユダヤ人の間で不評を買ったのは、アーレントが裁判の正当性について、国際訴訟法上の疑問点を明確に指摘したためでもあるが、「正常な人間がユダヤ人殺しをした」という文意に、多くのユダヤ人が納得したくなかったからでもある。

ヒトラーは正常な人間であるか。ヒトラーを精神異常者もしくは性的異常者として記述する無数の文献が存在するにも拘《かか》わらず、比較的知能の高い正常人であるという記述がおそらく正しい。やや小心で引きこもりの態度を見せることもあった。すくなくとも、ヒトラー個人に殺人狂的な異常さはなかった。

本書・中島義道『ヒトラーのウィーン』の出発点は、「彼は狂人ではなく、文字通り「まともな」人間らしさを具えているのだ」(三頁)という視点である。

性格的な異常さがなくても、政治権力による大量死は発生する。疫病や災害による大量死を除いて、人為的な大量死の例を考えると、まず政策の失敗による大量死がある。無謀な戦争を行って大量死を生み出す。あるいは毛沢東の「大躍進」政策のように無謀な社会主義化によって農業が崩壊して大量死を生み出す。

このような悪政がつづくと政権や政策、あるいは社会体制を批判する者がでてくる。そこで、政権批判者の粛清という大量死が生まれる。粛清の場合には、「政策の失敗は批判者の反逆や非協力による」と説明されるので、失政の影響が大きくなると、粛清の規模も大きくなる。このような非協力者への粛清は、建設的な批判者まで巻き込むことになるので、成功した恐怖政治の下では、あらゆる生産性が低下する。

ソルジェニーツィンの『収容所群島』(一九七三―一九七五)には、旧ソ連の強制収容所が労働力の不足を補うための不可避の社会的な装置となっているという指摘がある。スターリンの重化学工業化の強行のために労働力が不足していたのは確かであるが、政治的な粛清の結果、あまりにも多くの囚人を抱え込むことになったので、その囚人を労働力として使うという決定が下されたという経緯があった。囚人＝奴隷という社会的位置づけとなる。

奴隷は、貴重な労働力であり、財産であるから、奴隷の大量死を目指す政策はない。ローマ時代にも、ローマ軍は大量の死者を生み出したが、奴隷制度はその大量死に対して、ブレーキの役割を果たした。しかし、収容所では待遇の悪さから、結果として大量の死者が出る。

失政、粛清、収容所という大量死の発生の機序からみると、ヒトラーのユダヤ人絶滅計画は説明がつかない。それはユダヤ人を生物種として絶滅させるという計画である。それはヒトラー個人の感情的なユダヤ人嫌いから生まれたものではなく、ある政治的な決定から生まれたものである。

当時のドイツ人に「ユダヤ人を殺せ」という運動が広く激しく燃え上がっていたとはいえない。本書・中島義道『ヒトラーのウィーン』が注目するのは、「ユダヤ人絶滅を「善」と確信していた事実」（四頁）である。「もちろん、若きヒトラーが郷里を同じくする汎ドイツ主義者のシェーネラーや人間知および大衆操作において敬服していたウィーン市長のカール・ルエガーからかなりの影響を受けたことは事実である。しかし、それとて、その段階に留まる限り、やはりごく普通の反ユダヤ主義の域を出ない。そこから、ホロコーストに代表されるユダヤ人絶滅計画への道は直接延びていない。」（一五七頁）

ヤセンスキー『無関心な人々の共謀』（一九五六、江川卓、仲谷鴻介訳、青木書店）、ハンス・ヨナス『回想記』（原版は二〇〇三、盛永審一郎、木下喬、馬渕浩二、山本達訳、東信堂）を見ると、「確かにナチスは暴力的であるが、民主主義制度下の政党として一応は合法的な行為をするだろう」と思っていると、突然、暴力性をむき出しにして、アウシュビッツへの道を突き進んでいったという経緯があったことが分かる。

「一九二九年以降世界大恐慌が進むなか、ヒトラーが選挙で最初の勝利を収めたときにはじめて、私はやっとナチスの脅威を意識した。誰もがそれを見ていたが、それにもかかわらずヒトラーをある程度みくびっていた。人々はその危険性を正しく真剣に受けとめていなかったのである。」（ハンス・ヨナス『回想記』邦訳一〇〇頁）

では、どうすればよかったのだろう。「アウシュビッツへの道をヒトラーが歩み始める前に、連合軍を結成して、ヒトラーとその一党を叩き潰すべきだった」と信じる人々がいる。ジョージ・W・ブッシュ大統領が、フセインの支配するイラクに戦争を仕掛けたとき、それを背後から指示した政策集団で「ネオコン」（新保守主義）と呼ばれる人たちである。国内的には議会に対して大統領の権限を強化して、対外的には軍事的な先制攻撃権を主張する。同様に「イスラム国」への先制攻撃を怠るなら、ナチスへの先制攻撃を怠ったのと同じ誤りを犯すことになるだろうという意見もある。ナチスの一時的な勝利が連合国の結束をもたらしたのであって、その前の段階のナチスを叩きのめす民主主義国の連合は事実上不可能だった。ヒトラーの独裁は先制攻撃によって勝利を重ねていた。民主的な合意が先制攻撃を認めるには、長い時間が必要になる。

ナチスがユダヤ人の大量殺戮を計画しているということは、外部に漏れなかったのだろうか。ジョージ・オーウェルが第二次世界大戦中に書いた「ナチがユダヤ人をかまどに入れて焼き殺しているという噂があるが、常識で判断すればそのようなことはないだろう」という趣旨の文章を私は読んだことがある。偏見・流言飛語の典型だから気をつけなさいと良識を説いたが、実はナチスが「ユダヤ人をかまどに入れて焼き殺し」ていた。

アメリカにいるドイツ人・ハンスがドイツにいる家族・クンツに「ナチスがユダヤ人をかまどに入れて焼き殺している」という手紙を書いたと想定してみよう。ハンナ・アーレントの『全体主義の起原』は次のように説明している。

「均制化された民衆は全世界が自分たちに対して陰謀をおこなったのだといつも言われ

ているので、陰謀の概念によって物を考えて行動することに慣らされてしまう。そしてまた、すべての在外同胞に対してまるでその者が職業的スパイであるかのように本国にむかって報告することを義務づけ、また自国領土内にいるすべての外国人をスパイと罵ることによって、彼らは古い秘密機関の手口を社会全体に持ちこむ。」(ハンナ・アーレント『全体主義の起原』3、一九七四、大久保和郎、大島かおり訳、みすず書房二二八頁)

クンツは、ハンスはアメリカのスパイだと信じてしまう。そしてハンスに向かって「ナチスは正しい」という宣伝をアメリカで行うように命令する。

「全体主義の大量犯罪が暴露されることを全体主義的権力者はそれほど気にしなかった。自分を最もよく守ってくれるものは正常な世界の正常性そのものだということを彼は知っていた。この正常性は、全体主義の支配領域でおこなわれているさまざまな事柄を、それについての記録やフィルムやその他の証拠を否定しようもなく眼前につきつけられているときにさえまったくあり得ぬこととみなす。全体主義的権力者は動かし得ぬ事実の事実性を信じないと同様、間接証拠の説得力も信じない。」(同)

嘘が証拠によってくつがえされないということを、ヒトラーは熟知していた。この微妙な真実をヒトラーはどのようにして、それを手段として繰り返し使いこなすほどまでに身に付けていたのか。ヒトラーの嘘と宣伝の起源はどこにあるのか。

本書・中島義道『ヒトラーのウィーン』が目指すのは、十七歳から二十二歳までのウイーン在住時代のヒトラーの解明である。そこで何があったか。

ヒトラーが造形美術アカデミーに不合格になるという不名誉な出来事があり、それをヒトラーは通学をしているふりをしてごまかした。このほか数々の嘘がヒトラーの人生を彩っているが、本書のなかの嘘の描写がすばらしい。

「ヒトラーの天才は、自分に下された客観的評価を（心の中で）「無」にできること、それほどまでに自分を救うことに熱狂できることである。世界の構図をすべて逆転してでも自分を救うことは「義務」なのだ。そのために必要なものなら何でも利用する。たとえ真っ赤な嘘でも。」（一七八―一七九頁）

「彼にとっては（とりわけ目撃者と証拠のないところでは）、「そうありたい」と願ったことが、そのまま真実なのだ。それは、自分でも本当にそうであったと思い込めるほど「自信に満ちた」嘘なのであるから、他人はあっさり騙されてしまうのだ。」（二〇二頁）

本書からえられる教訓。

第一、正常からでも、異常が発生する。ゆえに我々は正常な人々に囲まれていても、異常さとの出会いから自由ではない。

第二、われわれは伝聞に頼って生きている。ある伝聞の真偽を確かめるために別の伝聞に依存する。ゆえに、われわれはヒトラー的な嘘から自由ではない。

ヒトラー時代のドイツ人は全体主義の壁に囲まれていたから、真理を知る条件に恵まれていなかったが、われわれはインターネットという開かれた情報の世界に生きているから、ヒトラー的な嘘から自由であるとはいえない。

地図
相澤裕美

写真
29 頁：Popperfoto/Getty Images
30 頁、99 頁：秋山洋也
63 頁：共同通信社
204 頁、208 頁、239 頁：PPS 通信社
上記以外の写真はいずれも著者による撮影

本書は、二〇一二年一月に新潮社より刊行された。

人生を〈半分〉降りる　中島義道

哲学的に生きるには〈半隠遁〉というスタイルを貫くしかない。「清貧」とは異なるその意味と方法を、自身の体験を素材に解き明かす。（中野翠）

哲学の道場　中島義道

哲学は難解で危険なものだ。しかし、世の中にはこれを必要とする人たちがいる。――死の不条理への問いを中心に、哲学の神髄を伝える。（小浜逸郎）

昭和史探索（全6巻）　半藤一利編著

名著『昭和史』の著者が第一級の史料を厳選、抜粋。時々の情勢や空気を一年ごとに分析し、書き下ろしの解説を付す。《昭和》を深く探る待望のシリーズ。

占領下日本（上・下）　半藤一利／竹内修司／保阪正康／松本健一

1945年からの7年間日本は「占領下」にあった。この時代を問うことは、戦後日本を問い直すことである。多様な観点と仮説から再検証する昭和史。

山県有朋　半藤一利

長州の奇兵隊を出発点に明治政府の頂点にたった山県有朋。彼が作り上げた大日本帝国の仕組みとは？「幕末史」と「昭和史」をつなぐ怪物の生涯。

それからの海舟　半藤一利

江戸城明け渡しの大仕事以後も旧幕臣の生活を支え、徳川家の名誉回復を果たすため新旧相撃つ明治を生き抜いた勝海舟の後半生。（阿川弘之）

荷風さんの昭和　半藤一利

破滅へと向かう昭和前期。永井荷風は驚くべき適確さで世間の不穏な風を読み取っていた。時代風景の中に文豪の日常を描出した傑作。（吉野俊彦）

荷風さんの戦後　半藤一利

戦後日本という時代に背を向けながらも、自身の生活を記録し続けた永井荷風。その孤高の姿を愛情溢れる筆致で描く傑作評伝。（川本三郎）

東條英機と天皇の時代　保阪正康

日本の現代史上、避けて通ることのできない存在である東條英機。軍人から戦争指導者へ、そして極東裁判に至る生涯を通して、昭和期日本の実像に迫る。

孫文の辛亥革命を助けた日本人　保阪正康

百年前、辛亥革命に協力し、アジア解放の夢に一身を賭した日本人がいた。彼らの義に殉じた生涯を、激動の時代を背景に描く。（清水美和）

数学に魅せられた明治人の生涯　保阪正康

数学の才能に富んだ一庶民が日清・日露、太平洋戦争と激動の時代を懸命に生き抜く姿を通して、近代日本の哀歓と功罪を描くノンフィクション・ノベル。

甘粕大尉 増補改訂　角田房子

関東大震災直後に起きた大杉栄殺害事件の犯人、甘粕正彦。後に、満州国を舞台に力を発揮した伝説の男、その実像とは？　（藤原作弥）

責任 ラバウルの将軍今村均　角田房子

ラバウルの軍司令官・今村均。軍部内の複雑な関係、戦地、そして戦犯としての服役。戦争の時代を生きた人間の苦悩を描き出す。　（保阪正康）

わが半生（上・下）　愛新覚羅溥儀　小野忍／野原四郎／新島淳良／丸山昇訳

三歳で即位し清朝最後の皇帝、満州国皇帝として君臨した溥儀。第二次大戦後に一個の人民となるまでの前半生を克明に描いた、第一級の回想録。

現人神の創作者たち（上・下）　山本七平

日本を破滅の戦争に引きずり込んだ呪縛の正体とは何か。幕府の正統性を証明しようとして、逆に「尊皇思想」が成立する過程を描く。　（山本良樹）

北一輝論　松本清張

二・二六事件に連座して処刑され、多くの議論を呼んできた異色の思想家の生涯と思想を、久野収との巻末対談も交えて検証する。　（筒井清忠）

史観宰相論　松本清張

大久保、伊藤、西園寺、近衛、吉田などの為政者たちを俎上に載せ、その功罪を論じて、現代に求められるべき指導者の条件を考える。

戦中派虫けら日記　山田風太郎

〈嘘はつくまい。嘘の日記は無意味である〉。戦時下、明日の希望もなく、心身ともに飢餓状態にあった若き風太郎の心の叫び。　（久世光彦）

同日同刻　山田風太郎

太平洋戦争中、人々は何を考えどう行動していたのか。敵味方の指導者、軍人、兵士、民衆の姿を膨大な資料を基に再現。　（高井有一）

旅人 国定龍次（上・下）　山田風太郎

ひょんなことから父親が国定忠治だと知った龍次は、渡世人修行に出る。新門辰五郎、黒駒の勝蔵らに仁義を切るが……。形見の長脇差がキラリとひかる。

修羅維新牢　山田風太郎

薩摩兵が暗殺されたら、一人につき、罪なき江戸の旗本十人を斬る！　明治元年、江戸。官軍の復讐の餌食となった侍たちの運命。（中島河太郎）

魔群の通過　山田風太郎

幕末、内戦の末に賊軍の汚名を着せられた水戸天狗党の戦い。その悲劇的顚末を全篇一人称の語りで描いた傑作長篇小説。（中島河太郎）

山田風太郎明治小説全集（全14巻）　山田風太郎

これは事実なのか？　フィクションか？　歴史上の人物と虚構の人物が明治の東京を舞台に繰り広げる奇想天外な物語。かつ新時代の裏面史。

誘拐　本田靖春

戦後最大の誘拐事件。残された被害者家族の絶望、犯人を生んだ貧困、刑事達の執念を描くノンフィクションの金字塔！（佐野眞一）

疵　本田靖春

戦後の渋谷を制覇したインテリヤクザ安藤組の大幹部、力道山よりも喧嘩が強いといわれた男……。伝説に彩られた男の実像を追う。（野村進）

宮本常一が見た日本　佐野眞一

戦前から高度経済成長期にかけて日本中を歩き、人々の生活を記録した民俗学者、宮本常一。そのまなざしと思想、行動を追う。（橋口譲二）

新　忘れられた日本人　佐野眞一

佐野眞一がその数十年におよぶ取材で出会った、無私の人、悪党、そして怪人たち。時代の波間に消えて行った忘れえぬ人々を描き出す。（後藤正治）

日本海海戦の深層　別宮暖朗

連合艦隊の勝利は高性能の兵器と近代砲術の組み合わせによる。『坂の上の雲』では分からない全体像をハードとソフトの両面で再現し、検証する。

日露戦争陸戦の研究　別宮暖朗

陸戦勝利の背景には、独善的な作戦計画を実情に合わせて修正し、戦機を摑んだ指揮官・兵士の苦闘があった。五つの主要な作戦を例に検証する。

軍事学入門　別宮暖朗

「開戦法規」や「戦争（作戦）計画」、「動員とは何か」、「勝敗の決まり方」など〝軍事の常識〟を史実に沿って解き明かす。（住川碧）

游侠奇談　子母澤寛
飯岡助五郎、笹川繁蔵、国定忠治、清水次郎長……正史に残らない侠客達の跡を取材し、実像に迫る、游侠研究の先駆的傑作。（松島榮一／高橋敏）

田中清玄自伝　田中清玄　大須賀瑞夫
戦前は武装共産党の指導者、戦後は国際石油戦争に関わるなど、激動の昭和を侍の末裔として多彩な人脈を操りながら駆け抜けた男の「夢と真実」。

「戦艦大和」の最期、それから　千早耿一郎
『戦艦大和ノ最期』の執筆や出版の経緯を解き明かし、日本銀行行員・キリスト者として生きた著者吉田満の戦後の航跡をたどる。（藤原作弥）

広島第二県女二年西組　関千枝子
8月6日、級友たちは勤労動員先で被爆した。突然に逝った39名それぞれの足跡をたどり、彼女らの生を鮮やかに切り取った鎮魂の書。（山中恒）

昭和維新の朝《あした》　工藤美代子
宮中歌会始に招かれた齋藤史の父は、二・二六事件に深く関わった将官だった。ひと組の父と娘の歩みを通して昭和史の真実を描き出す。（鳥居民）

やくざと日本人　猪野健治
やくざは、なぜ生まれたのか？　戦国末期の遊侠無頼から山口組まで、やくざの歴史、社会とのかかわりを、わかりやすく論じる。（鈴木邦男）

霞が関「解体」戦争　猪瀬直樹
無駄や弊害ばかりの出先機関や公益法人はもういらない――地方分権改革推進委員会を舞台として、官僚を相手に繰り広げた妥協なき闘いの壮絶な記録。

増補 日本凡人伝　猪瀬直樹
化粧品会社の調香師、鉄道ダイヤを組むスジ屋――知っているようで知らない非凡な人生に、独特のインタビュー形式で迫る。著者出世作の増補決定版。

「心」と「国策」の内幕　斎藤貴男
「がんばろう、日本」が叫ばれる危うい国で、「国民」の内面は、国や公共、経済界にどう利用されていくのか？　政治経済、教育界まで徹底取材！

近代ヤクザ肯定論　宮崎学
傘下人員4万人のヤクザ組織・山口組。神戸の沖仲仕の群れから生まれた組は、なぜ巨大軍団へと変貌を遂げたのか。その90年の歴史と実態。

暴力団追放を疑え　宮崎学

社会の各分野で進む暴力団追放。「正義」の裏に潜む利権ビジネス、管理型社会の強化。はたして暴力団排除は誰のために？　あえて異論を唱える。

東大が倒産する日　森毅　豊田充聞き手

二十一世紀の大学像を語ったインタビュー集。教育論としてだけでなく日本文化論としても興味深く読める「森流」学問のすすめ。

究極のドラマ 実録ヤクザ映画で学ぶ抗争史　山平重樹

「仁義なき戦い」など根強い人気を誇る実録ヤクザ映画。選りすぐりの傑作を紹介し、映画の原型となった事件にも迫る。その虚実の面白さ！　（蜷川正大）

袴田事件 裁かれるのは我なり　山平重樹

袴田巌さんの無罪を確信しながらも、一審の死刑判決文を書かされた裁判官の視点を通して、冤罪の構図を描いたドキュメント・ノベル。　（亀井洋志）

東京骨灰紀行　小沢信男

両国、谷中、千住……アスファルトの下、累々と埋もれる無数の骨灰をめぐり、忘れられた江戸・東京の記憶を掘り起こす鎮魂行。　（黒川創）

原子力戦争　田原総一朗

福島原発の事故はすでに起こっていた？　原子力船「むつ」の放射線漏れを背景に、巨大利権が優先される構造を鋭く衝いた迫真のドキュメント・ノベル！

権力の館を歩く　御厨貴

歴代首相や有力政治家の私邸、首相官邸、官庁、政党本部ビルなどを訪ね歩き、その建築空間を分析。権力者たちの素顔と、建物に秘められた真実に迫る。

ゲバルト時代　中野正夫

羽田闘争から東大安田講堂の攻防、三里塚闘争、連合赤軍のリンチ殺人を経て収監されるまで、末端活動家としての体験の赤裸々な記録。　（鴻上尚史）

サムライとヤクザ　氏家幹人

「男らしさ」はどこから来たのか？　戦国の世から徳川の泰平の世へ移る中で生まれる武士道神話・任侠神話を検証する「男」の江戸時代史。

増補 転落の歴史に何を見るか　齋藤健

奉天会戦からノモンハン事件に至る34年間、日本は内発的改革を試みたが失敗し、敗戦に至った。近代史を様々な角度から見直し、その原因を追究する。

ちくま文庫

ヒトラーのウィーン

二〇一五年一月十日　第一刷発行

著者　中島義道（なかじま・よしみち）
発行者　熊沢敏之
発行所　株式会社　筑摩書房
東京都台東区蔵前二―五―三　〒一一一―八七五五
振替〇〇一六〇―八―四一二三
装幀者　安野光雅
印刷所　株式会社加藤文明社
製本所　株式会社積信堂

乱丁・落丁本の場合は、左記宛にご送付下さい。
送料小社負担でお取り替えいたします。
ご注文・お問い合わせも左記へお願いします。
筑摩書房サービスセンター
埼玉県さいたま市北区櫛引町二―六〇四　〒三三一―八五〇七
電話番号　〇四八―六五一―〇〇五三

ISBN978-4-480-43243-8 C0122